新雅
名人館

··· 愛國詩人 ···

屈原

編著　黃修紀

U0108416

新雅文化事業有限公司
www.sunya.com.hk

新雅●名人館
愛國詩人 屈原

編　　著：黃修紀
內文插圖：鄒越非
封面繪圖：李成宇
策　　劃：甄艷慈
責任編輯：陳友娣
美術設計：何宙樺
出　　版：新雅文化事業有限公司
　　　　　香港英皇道499號北角工業大廈18樓
　　　　　電話：（852）2138 7998
　　　　　傳真：（852）2597 4003
　　　　　網址：http://www.sunya.com.hk
　　　　　電郵：marketing@sunya.com.hk
發　　行：香港聯合書刊物流有限公司
　　　　　香港荃灣德士古道220-248號荃灣工業中心16樓
　　　　　電話：（852）2150 2100
　　　　　傳真：（852）2407 3062
　　　　　電郵：info@suplogistics.com.hk
印　　刷：中華商務彩色印刷有限公司
　　　　　香港新界大埔汀麗路 36 號
版　　次：二〇一七年十月二版
　　　　　二〇二四年四月第二次印刷

ISBN: 978-962-08-6911-2
© 2004, 2017 Sun Ya Publications (HK) Ltd.
18/F, North Point Industrial Building, 499 King's Road, Hong Kong
Published in Hong Kong SAR, China
Printed in China

前言

　　你聽説過屈原嗎？每年端午節吃糭子時，你有沒有聽到關於屈原與端午節的故事呢？本書將為你介紹這位偉大的詩人——屈原的一生。

　　屈原是戰國時期著名的政治家和愛國詩人。他出生在戰國時期楚國的一個貴族家庭裏，他與楚王同姓，是楚王的後代，但當時家道中落，生活不太富裕。屈原從小聰明好學，智慧過人，而且記憶力特別強，能過目不忘。他不但讀了許多書，還很早就開始寫詩。

　　屈原年輕時春風得意，風度翩翩，擁有滿腔政治熱情。由於他學識淵博，胸懷大志，得到楚懷王的喜愛和信任，出任掌管內政、外交的左徒一職，還受命起草《憲令》，推行變法。對內，屈原提出限制貴族的特權，發展生產；對外，屈原認為要「合縱」，聯同齊國對抗秦國的侵略。可惜他遭奸臣陷害，變法失敗，楚王又疏遠他，更命他流放。

　　後來，楚懷王客死秦國，楚國京城郢都淪陷，屈原忍受不了這種恥辱和痛苦，最後投河而死，終年六十二歲。

在被楚王疏遠和流放的途中，他懷着憂國之心，創作了《離騷》、《九章》、《九歌》、《天問》等千言絕唱，成為中國歷史上第一位偉大的愛國詩人。

屈原的詩飽含激情，許多詩歌都是在悲憤交集的情況下寫的，這些詩歌壯麗而華美，達到空前絕後的境界。他所奠定的文學體裁「楚辭」，在中國詩歌史上，是繼《詩經》之後甚具代表性的文學創作，也被視為文學史上新的里程碑。

屈原，不論是他高尚的人格、愛國的心，還是他在文學方面的貢獻，都值得我們崇敬。

1953 年，世界和平理事會選定屈原為世界四大文化名人之一，讓世界各地的人都認識到這位偉大的愛國詩人。

目錄

前言   3

一   瑞雪紫氣架彩虹   6

二   風華少年詠《橘頌》   15

三   屈原進宮獲重任   24

四   變法不成遭禍殃   33

五   楚王受騙斷齊交   43

六   屈原使齊修舊好   52

七   流放漢北戀鄉土   61

八   祭典英靈招國魂   67

九   忠臣最後的勸諫   75

十   含悲憤再別郢都   83

十一   顛沛流離抒悲情   91

十二   懷石投江別人生   99

● 生平大事年表   106

● 延伸知識   108

● 創意寫作   110

一 瑞雪紫氣架彩虹

長江三峽的巫峽和西陵峽之間，有一塊形似葫蘆的土地，它峻峭秀麗，充滿靈氣，而且交通便利，這裏便是**秭歸**[①]鄉。

秭歸鄉有一塊平地叫樂平里，它四面環山，山石嶙峋怪異，氣勢雄偉，清澈的鳳凰溪在它的懷抱中靜靜地由東向西流去。

這裏有點點村落，裊裊炊煙，還能聽到柳笛和陣陣山歌聲。農夫甩鞭吆喝牛，在田裏耕作，姑娘們在溪邊浣紗，人們過着安定、富足的生活。

樂平里的後山有一座大莊園，這座莊園的主人是屈氏一族。屈氏出自**春秋時期**，楚武王的兒子瑕，受封到「屈」這個地方，他的後世子孫跟從楚王以「**羋**[②]」為**姓**，但以封地之名「屈」為**氏**，後來屈氏更成為楚王室貴族景、昭、屈三大家之一。

屈氏雖為貴族，與楚王同姓羋，但經過一代又一

[①] **秭歸**：即秭歸縣，地名，在今湖北。秭，粵音子。
[②] **羋**：粵音美。

代相傳，眼下執掌這座莊園的屈伯庸，官職已不是很高。屈伯庸**儒雅**[①]大度，為人光明磊落，又懂得天文地理，是個管天文曆法的官員。

他的夫人也出身名門，長得端莊美麗，是位很賢惠的妻子。起初，他們只生了個女兒，沒有兒子，心中難免有些悶悶不樂。

有一年春天，夫人對屈伯庸説：「我們去求**女嬃神**[②]賜給我們一個接香火的**釭丁**，我聽人説女嬃神是個好神，有求必應。」

屈伯庸本來對求神之事不太感興趣，但夫人這樣説了，也不想掃她的興，便説：「也好，現在正值陽春三月，天暖地融，出去走走，也可以散散心。」

第二天清早，僕人牽出兩匹白色高頭大馬，在院門等候。伯庸和夫人

知識門

春秋時期：

中國歷史上的一個時期，約從公元前770年到公元前476年。當時雖以周天子為天下共主，但周王室勢力漸弱，威望大不如前，地方的諸侯國實力反比周王室要強，「春秋五霸」相繼出現。根據《史記》的說法，春秋五霸包括齊桓公、晉文公、秦穆公、楚莊王以及宋襄公。

姓、氏：

姓源於母親那邊的家族，氏源於父親那邊的家族。古人把「姓」和「氏」分開來用，大約到漢朝，姓和氏才不分，混在一起使用。

---

① **儒雅**：樣子溫和文雅。
② **女嬃神**：當時的神靈，也有說是一位女巫。

雙雙上馬，踏着明媚春光大步而去。

一路上，山川翠綠，清水流淌，百鳥鳴叫，鮮花怒放，伯庸不禁讚歎道：「呵，楚國真美呀！」

到了朝拜處，夫妻二人下馬。這裏環山疊翠，雲開雲合，霧來霧往，景色十分優美，所以來這裏**踏青**①的人絡繹不絕。

那時，楚國**巫風**②盛行，民間常常舉行**法事**③。當時還沒有廟宇，沒有菩薩，巫就是神的化身，代表神的旨意。

伯庸與夫人跪下，由男巫和女巫分別給他們做法事，嘴裏唸唸有詞，又給他們佩藍花、香草，沐神水。

說也湊巧，此次一遊，虔誠一拜之後，夫人果然受孕了。

光陰流去，轉眼便到了第二年的正月。

楚國是南陲之地，這個南方國家從來不降雪，這一年卻下起了鵝毛大雪，紛紛揚揚，接連下了兩三天，地面上積起了厚厚的一層雪。夫人望着窗外白皚皚的一

知識門

缸丁：

缸，即油燈。「缸丁」在這裏引申指為家族繼後香燈的男丁。缸，粵音剛。

---

① **踏青**：青，即青草。清明節前後到郊外散步遊玩叫踏青。
② **巫風**：指當時裝神弄鬼、替人祈禱的風氣。
③ **法事**：一種祭拜形式。

片，笑道：「這應是好兆頭啊！」伯庸也捻着鬍子説：「楚國下如此大的雪，真是奇跡。」

楚宣王三十年（公元前340年）正月初七，一個男孩啼哭着出世了。

過了片刻，夫人問伯庸：「孩子出生了，給他取個什麼名字呢？」

此時，天將微亮，伯庸望着窗外連綿起伏、白雪覆蓋的山峯，説：「兒子飽嘗了天地的靈氣，又借聖地降生，就取名『平』，字『原』吧！」

「屈平，字原。」夫人重複着。

伯庸又説：「『平』則平正，是天的象徵；『原』為寬廣，是地的象徵。」

夫人聽了伯庸的解釋，明白孩子的名字包含了天與地的意義在內，於是頻頻點頭同意。

屈原出生的這一天，氣溫驟升，冰雪融化，水氣蒸騰，霧靄在山林間繚繞，一輪朝陽在天邊升起，映出一道彩虹。

此時正值**戰國**末期，**七國**爭雄。

屈原的母親在屈原還小的時候就過世了，照顧弟弟的責任就落在屈

知識門

戰國：
中國歷史上的一個時期，接在春秋之後，約從公元前475年至公元前221年。這時各諸侯國之間混戰不斷，不時互相吞併，因而稱「戰國」。

9

原的姊姊身上。姊姊比屈原大十歲左右，他們姊弟倆相處得十分融洽。

屈原七歲入學堂讀書，這是一所為族子弟開辦的學校。孩子們都很聰明，屈原的表現更是出眾，他看過的書，只需讀一遍就記住了，老師驚訝地說：「這孩子有**博聞強記**[①]的天賦！」

屈原家裏有**竹簡**萬卷，他都拿來閱讀，碰到不懂的地方，就去問父親，有時還要追根究底，連博學的父親，也常被他問得啞口無言。

父親常給他講一些古代**聖賢**[②]的故事。有一次，父親說完故事後對他說：「一個人要注意保持衣着和外貌的整潔。冠者，衣之主人。我們把帽子戴在頭上，要經常撢去它上面的灰塵，更重要的是，莫讓心靈蒙上塵土。」

屈原默默地將這些話記在心裏。

---

① **博聞強記**：見聞廣博，記憶力特強。
② **聖賢**：指品格高尚、智慧高超的人。

知識門

七國：
指戰國時期的秦、楚、燕、韓、魏、趙、齊七個較強的諸侯國。秦國位處西方，齊國在東方，楚國在南方，燕國在北方，而中部則有韓國、趙國和燕國。

竹簡：
古時的書。古代未發明紙之前，人們把文字刻在竹片上，並用繩子把竹片串連成一卷卷的竹簡。

屈原很注意自己的打扮，他穿着整潔的衣服，身上戴有許多漂亮的裝飾品，綢帶、玉佩都是漂亮好看的新款式。他還特別喜歡在水缸前照看自己的樣子（因為當時還沒有鏡子），他認為這樣可以照到自己的內心是否潔淨。可是，他又怕別人說他太女孩子氣，於是決定到離家遠一些的地方去挖一口井，這樣就可以避開他人的目光，仔細地照看自己的面容和心靈。

有一天，屈原扛着一把小**鐵頭**[①]來到三星岩。他先在東面挖，挖了好半天，下面全是石塊；他又跑到西面去挖，西面除了石塊和乾土，還是沒有一滴水。屈原這樣前前後後挖了十幾天，都一無所獲，手掌倒磨出了血泡，胳膊又痠又疼。

這天，他又挖了一會兒井，衣衫都讓汗水浸濕了，肚子也餓得咕咕叫。他坐在一棵古松樹下休息一會兒，吃着從家裏帶來的乾糧。一陣山風吹來，輕輕地拂過他的面頰，他突然想起父親給他講過的一個故事：

春秋初期，**山戎**依仗自己地險

> **知識門**
>
> **山戎：**
> 古代的一個氏族，春秋時期分布在山西太原一帶，公元前七世紀勢力漸強，侵擾齊、鄭、燕等國，後被越國所滅。

[①] **鐵頭**：刨土用的一種農具。

兵強，對周朝無禮，不僅不**進貢**，還屢犯中原，於是**齊桓公**率兵討伐。軍隊到了伏牛山，山戎斷其汲水道路，軍中缺水，危及將士性命。齊桓公命令軍士鑿山取水，並下令先得水者重賞。可是那裏山高坡陡，到處都是亂石，到哪裏去取水呢？在這緊要關頭，有一臣子進諫：「臣聞蟻穴處近水，蟻冬居**山之陽**[①]，夏居**山之陰**[②]。」軍士依照這臣子的指點，找到蟻穴，果然在山腰取得泉水。

知識門

進貢：

在封建時代，藩屬對宗主國，或者臣民對君主呈獻禮品。

齊桓公：

姓姜，名小白，春秋時期齊國的國君，也是春秋時期的第一個霸主。

　　屈原想到這裏，馬上到三星岩的北面去找螞蟻穴。當時正是夏季，屈原很快找到幾處螞蟻窩。他選了一個螞蟻密布的地方，挖掘下去。這次，沒費多大力氣，便掘出了一口上好的水井。

　　屈原又花了幾日，將水井修築好。清澈的井水明晃晃的，像一面鏡子。屈原整理好衣冠，對着井水一照，水面上立刻映出一個面貌清秀、衣冠整齊的少年。他凝視着水井中自己的倒影，要看清楚自己那顆潔淨的心。

　　從這以後，屈原經常清早就來到井邊，梳頭洗臉，

[①] **山之陽**：山的南面。

[②] **山之陰**：山的北面。

然後坐在井邊回想自己前一天的行為舉止，檢查自己的心靈是否沾上了灰塵。

　　鄉親們知道了這口井，也都跑到井邊來「照心」。據說這口井能讓善良的人越洗越乾淨；而心地醜惡的人往井邊一站，井水裏就會出現一個像是牛頭馬面的人。

　　這口「照面井」的傳聞很快就傳開去了。

　　1. 屈原的父親對屈原有怎樣的影響？

　　2. 為什麼屈原常常用水照看自己的倒影？

　　　 他挖井的目的是什麼？

二　風華少年詠《橘頌》

屈原聰明、記憶力強，人人都知道。他八歲那年，年近歲末，家裏的人都忙碌着準備過年。賬房的先生們也忙着結賬，賬簿鋪滿了一桌子，桌邊還有烤火盆生着火取暖。

屈原隨手拿過一本賬簿翻閱起來。他從頭到尾看了一遍，然後將賬簿放回桌子上去。不料，賬簿沒放穩，掉到了火盆裏，頓時燃燒起來。賬房先生大吃一驚，忙從火盆裏把賬簿搶救出來，可是它已被燒得殘缺不全，面目全非了。

賬房總管嚇得面如土色，連連説：「這如何是好？這如何是好？」

屈原若無其事地説：「別害怕，我不會讓父親責怪你的，賬簿上的賬目，我都記住了。拿筆來，我寫一份給你。」

賬房總管半信半疑地取來了筆和新賬簿，讓屈原寫下賬目。寫完後，賬房先生一一回憶，竟沒有差錯。

屈原見沒事了，便説：「好了，這下父親不會怪罪

你了。」説完，蹦跳着出去玩耍了。

賬房總管望着他活潑的背影，喃喃地説：「這孩子，真神啊！」

別看屈原小小年紀，他對國家大事卻很有興趣。他們家裏常有做官的客人前來，與父親議論國家大事。屈原聽到有這樣的客人來訪時，常常會放下竹簡，跑去偷聽他們談話。父親有時也會讓他坐到客廳裏，一起會見客人。

有一次，父親伯庸邀請了幾位客人來家中小聚，這都是他在朝中的**同僚**[①]、至交，有的是負責外交的官吏，有的是久經沙場的武將。大家喝酒、談笑，很是熱鬧。

其中一位官員説：「現在天下的局勢是羣雄爭霸，楚國和秦國更可説是『雄中之雄』。另外，還有一個國家，它表面上無爭雄的跡象，可卻在暗中養兵，不可小視，那就是齊國。」

另一位上了年紀的官員説：「我們最大的強敵還是秦國，它自**商鞅**變

知識門

商鞅：

戰國時期的政治家，衛國人，又名衛鞅。秦孝公任命他在秦國推行變法，使秦國國力大增，史稱「商鞅變法」。後獲封於「商」這個地方，於是他又叫「商鞅」。

———————————

① **同僚**：同在一個官署任職的官員，也泛指在同一個地方一起工作的人。

法以來，越來越強盛，並有吞併別國之勢，它可是楚國的一大憂患呀！」

一位年輕的官員歎了口氣說：「我們楚國地大物博，人口眾多，貌似強大，其實國力空虛，兵力懶散，一旦打起仗來，真不堪設想。」

屈原坐在一邊，認真聆聽長輩們談論，心裏也跟着不安起來。他平時就聽人議論，秦楚相鄰，自古兩國常有兵力相見，結下了仇怨，而且秦國一直有吞併楚國的野心，幸好至今尚未如願。

這時，外交官站起來說：「秦在西面獨霸一方，我們楚國位處南方，與燕、齊、趙、魏、韓等國連成一條南北縱向的直線。今後的局勢會有兩種情況：橫則秦稱帝，縱則楚為王！這是世人對天下局勢的斷言。因此，當前，楚國必須當好縱向國家聯盟的首領。否則，楚會敗在秦的手中，被它所滅！」

一位大個子官員激動地說：「我也認為楚國應全心全意與齊聯合，摧毀秦的陰謀，同時，要讓自己國家通過變法強大起來，方能立於不敗之地，稱雄於世。」

此時，有一位官員感歎道：「可惜楚國如今盡是貪官、奸臣，要實行變法強國，談何容易？」

屈原睜大眼睛，望望這位，又望望那位。他覺得父

親的這些客人都是楚國重要的人才，屈原在他們身上學到了很多知識，也學到了愛國。

　　雖然屈原讀書用功，有乖巧聽話的一面，可有時也很頑皮。如果到**掌燈**①的時候還不見屈原回家，母親就着急了。

　　有一天，天已擦黑，屈原還沒回家，母親只得打發**使女**②去尋找他。

　　使女知道屈原平時喜歡在山裏玩，就到山裏去呼喚他，可是她沒有聽到應聲。她尋來尋去，發現一個石洞裏透出一些亮光。她跟着光線走進去，見到洞裏亮着一盤油燈，屈原正在一塊石板上酣睡，身邊滿是書簡，什麼《楚人歌》、《巫風》、《斷尾虎》、《小腳神》、《蠶花曲》……盡是些難登大雅之堂的**民歌**③**俚曲**④，當中還有一些是禁書。

　　使女叫醒屈原，屈原才發現自己睡過了頭。

　　使女對他說：「你看這些書，老爺要罵的。」

　　屈原說：「你千萬不要告訴父親，我以後會對他

---

① **掌燈**：即點燈。
② **使女**：使喚的丫頭，僕人。
③ **民歌**：民間口頭流傳的詩歌和歌曲，多不知作者姓名。
④ **俚曲**：通俗的歌曲。

説的。這裏面有許多好東西，我正在把它們整理出來呢！」

「你這些書是從哪裏來的？」使女問。

屈原將書排在一邊，説：「學堂和家裏的書，我都讀完了。這些書是從樵夫、獵人、**蠶女**①、巫師家借來的，這些歌謠寫得真好。」

使女拽起他的手説：「快回家吧，不然，夫人要罵了。」

楚懷王四年（公元前325年），屈原十五歲了。他的身材修長挺拔，相貌堂堂，風華正茂，並開始踏上他的詩賦創作之路。

那年秋天，他與好朋友高庭到橘林中散步。一大片的橘林依在山腳

邊，這時的橘子熟了，像一盞盞小紅燈籠掛在橘樹上。屈原和高庭在橘林裏漫步，隨手摘下橘子，一邊吃一邊聊天。

屈原望了一下旁邊的高山，一道瀑布從山上飛流直下，他不禁想起天下七國爭霸的事。他對高庭説：「七

---

① **蠶女**：養蠶的女子。

國爭霸，將來不知會是怎樣一個結局。」

高庭將兩片橘子扔進嘴裏，説：「當今天下七雄並存，各顯神威。七雄之中，魏國君賢，齊國民富，秦國兵強，而我們楚國，只是國土遼闊而已……」

屈原聽到這裏，心裏很不是滋味，他不滿意高庭長他人志氣，滅自己威風，便插嘴説：「楚國真的只是國土遼闊而已？」

高庭比屈原年長幾歲，他歎了一口氣説：「平弟，難道你沒有聽説過『楚才魏用』這説法？楚國容不得有才華的人，一些有學識、有見解的人，紛紛離開楚國，到別國去了。我將來也要像他們那樣，漫遊六國……」

屈原更不高興了，他望着這位朋友，輕輕地説：「你怎麼就這樣輕易地離開你的祖國？」

高庭哈哈大笑起來：「『人為財死，鳥為食亡』，這也是迫不得已的嘛！」

屈原心想：我平日與高庭這麼友好，怎麼這樣不了解他？國家正值用人之際，他怎麼只考慮自己？怎能輕易拋棄自己的祖國呢？

朋友走後，屈原還獨自留在橘林裏。天邊的晚霞染紅了山坡，橘林裏一片寂靜，屈原的心裏卻像大江裏掀起巨浪，波濤洶湧。那滔滔的「江水」匯成一首詩：

后皇嘉樹，橘徠服兮。受命不遷，生南國兮……

一首借物抒情的**楚辭**——《橘頌》油然而生。

屈原在這首詩裏提到，橘樹是天地間最好的樹，它只適應在南方生長，倘若將它移植到北方去，它的果實就不再甜美。屈原借用橘來表明自己是一個愛祖國、愛家鄉的人，他像橘一樣，不肯也不能離開自己的鄉土。詩中，他還歌頌了橘子的皮色和果肉，並藉此比喻做人要表裏一致，表明自己不隨波逐流，更不願與世俗同流合污的心志。

屈原吟出這首詩後，才覺得渾身一陣輕鬆。他飛快地跑出橘林，太陽光在他身上抹下一道光輝。

屈原當時只覺得有滿懷的話語要傾吐，才作了這首《橘頌》。他並沒有想到，這首《橘頌》竟開創了中國文學史上詠物詩的先河。

知識門

兮：
古代詩辭賦中的語氣助詞，相當於現代漢語中的「啊」。

楚辭：
繼《詩經》之後，在戰國時期，楚國詩人創作的新的詩體。代表詩人有屈原、宋玉等等。

想一想

1. 屈原小時候表現出什麼特點?

2. 屈原在《橘頌》裏表達了怎樣的情感?

三 屈原進宮獲重任

楚懷王八年（公元前321年），屈原十九歲了，父親常説起他的婚事。

父親對屈原説：「你不小了，該娶媳婦了，但得找一個門當戶對的人家才好。」

事有湊巧，燕國在這時聯合其他國家攻打齊國，齊沒有防備，險些覆滅。在它岌岌危難之時，楚派兵援助齊國，打敗了燕國和它的聯軍。齊王為感謝楚王的援助，派大臣貂①勃出使楚國謝恩。

楚王熱情地接待貂勃，並留他多住些日子。貂勃是楚國的老朋友，多次出使楚國，認識不少楚國朝臣，當中就有屈原的父親屈伯庸。所以貂勃這次來楚國，特意登門拜訪。

這天，貂勃來到屈府，見到正在書房裏讀書的屈原，便大加讚賞：「令郎英姿勃勃，一表人才，又這麼有才華，是屈兄的福氣啊！」

---

① 貂：姓氏。粵音凋。

伯庸點頭說：「這孩子倒是不錯，只是已到成婚的年齡，還沒有找到合適的人家。」

貂勃興奮地說：「正好，在下願作月下老人。我聽說齊國名將田單的千金還未許配人家。田將軍的長女雖貴為千金，但舞槍使棒、騎馬射箭，樣樣都行，而且知書識禮，聰明賢惠。」

伯庸一聽，大為高興，連連說好。

貂勃回到齊國後，便去了田府，向田單說明來意。田單見女兒已大，又是貂勃為媒，很樂意將女兒許配給屈原。

婚後，屈原和妻子恩恩愛愛，相敬如賓。丈夫在書房唸書、習賦，妻子在一旁陪伴。有時兩人或對弈，或舞劍，生活得很快樂。

屈原心有抱負，常常對妻子說：「我堂堂男兒，要為國家盡點力才好，不能虛度一生。」妻子也很贊同他的想法。屈原還畫了一幅《拯救楚國社稷圖》，將它掛在牆上，以此表達自己的願望。

屈原的名聲漸漸在遠近傳開，大家都知道這是個有才華、有抱負的年輕人。

知識門

社稷：

社，土神。稷，穀神。古代君主都會拜祭社稷，後用「社稷」來代表國家。稷，粵音即。

事實上，楚國是個幅員遼闊，有着古老文明的南方國家，它有過強盛時期，曾稱雄於世，到楚悼王執政時才開始走下坡路。為了強國，楚悼王起用吳起實行變法，但楚悼王為人軟弱，當變法損害了貴族的利益而遭到反對時，他就手軟，致使變法以失敗告終。

楚國貴族的勢力越來越大，甚至凌駕於朝廷之上，事事左右朝政，導致國力越來越衰弱。

後來楚懷王即位。楚懷王是個有野心但無謀略的君主，他有時清醒，有時糊塗，以致**朝令夕改**①，無法駕馭大局。

此時，楚國朝廷十分腐敗，貴族勾結官吏，專橫跋扈。**上官大夫**②靳尚是貴族的頭目，他詭計多端，陰險毒辣，是楚懷王的寵臣，許多大事都由他決斷。

一日**朝拜**③，楚懷王興致勃勃地對靳尚、司馬子椒

> **知識門**
>
> **吳起：**
> 戰國時期的兵法家，衛國人。善用兵，曾輔助楚悼王實行變法，遭到貴族反對。公元前381年，楚悼王逝世，他也被貴族殺害。

---

① **朝令夕改**：早晨的政令，到晚上就更改了。形容政令多變，使人無所適從。

② **上官大夫**：戰國時期楚國的官名。

③ **朝拜**：這裏指古時的官員朝見天子。

等重臣説：「諸位賢卿，**寡人**①聽説伯庸之子是個小有名氣的青年，在民間做了許多好事。又聽説他有崇高的理想，很有學問，年紀輕輕就**滿腹經綸**②。不知傳聞是否屬實？」

靳尚一向嫉才，見懷王誇獎屈原，心裏很不高興。他説：「一個**乳臭未乾**③的小子，能有什麼能耐？臣認為那是別有用心，只怕是伯庸在為兒子鋪路而已。」

懷王説：「耳聞不如實見，把他召進宮來，考幾個問題，不就清楚了？」

於是，懷王下令召見屈原。

屈原接旨後，一個晚上都興奮得沒有睡好。楚王終於召見他了！這麼多年來，他寒窗苦讀，心懷大志，終於能向君王傾吐了！他告別了妻子，從秭歸來到了**郢都**。

屈原終於來到王宮。這裏富麗堂皇，楚懷王一臉威嚴地坐在王位上。屈原畢恭畢敬地向懷王行禮。

知識門

郢都：
春秋戰國時期的楚國都城，也是楚國的首都，位於今湖北。郢，粵音影⁵。

---

① **寡人**：古代君主的自稱。
② **滿腹經綸**：經綸，原指整理過的蠶絲，後用來比喻規劃、管理政治的才能。形容人學識豐富，有處理大事的能力。
③ **乳臭未乾**：比喻年幼無知。

懷王笑容滿面地打量屈原，問：「你就是那個名動京城的屈平嗎？」

屈原回答：「大王過獎了，鄙人就是屈平。」

懷王很有興致地問：「聽人說，你學識淵博，滿腹經綸，還有匡扶社稷的雄才大略。寡人想聽你對治國的高見。」

屈原行禮後，謙虛地說：「謝大王，大王過獎了。鄙人才疏學淺，惟恐大王失望。」

楚懷王見屈原知所進退，心中暗喜，便繼續問道：「寡人聽聞你熟讀歷史，通曉古聖賢之道，你知道歷史上有哪些君王或領袖，能獲後人稱道和仰慕的嗎？」

屈原不假思索地回答：「能夠在**青史**①上留名的聖人，有**堯**、**舜**、**禹**、**湯**……他們名揚四海，功高蓋世，深

---

① **青史**：史書。

知識門

堯：
又叫唐堯，傳說中父系氏族社會後期部落聯盟領袖。

舜：
又叫虞舜，傳說中父系氏族社會後期部落聯盟領袖。相傳四方部落首領都推舉舜作為堯的繼任人，於是堯命其攝政，並花長時間觀察，認為他合格後，才把聯盟領袖的位置禪讓給舜。

禹：
又叫夏禹、大禹。舜在位時，中原地區水災嚴重。禹帶領百姓疏通江河，興修溝渠，發展農業。後獲舜選為繼承人，因而建立夏朝。後來禹傳位給兒子啟，開創了中國歷史上世襲制的先河。

「受後人敬仰。」

「好，寡人再問你，有哪些為人稱道的賢臣？」

屈原脫口而出：「有**傅説**、**管仲**、**晏嬰**……」

屈原不僅説出他們的朝代，還説出他們的功績。懷王聽得喜形於色，他環視在座的幾位大臣，有的恭敬地聽着，有的笑開了顏，但靳尚和另外幾個大臣卻眉頭緊皺，一臉不滿。

懷王不理會這些大臣，繼續向屈原發問：「目前七國鼎立，秦略強於楚，楚怎樣可以扭轉局勢，趕上它呢？」

屈原略為思索了一下，説：「秦的歷史比我們落後，它的經濟也不及楚發展得早，但秦王起用商鞅變法，二十年裏，秦國經濟發展迅速，兵力強盛，變得國富民強……」

懷王説：「楚國也實行過變法，先君楚悼王曾任用吳起變法。」

屈原説：「可這個變法只像一陣風吹過就沒有了。先君駕崩後，吳起被四馬分屍，實在可悲！」

楚懷王傾聽着，對屈原的一番見解很是讚賞，他不禁讚道：「果然名不虛傳。」

在旁的靳尚和幾個大臣，卻滿臉怒氣。

屈原獲懷王准許留在京城，並出任文學侍臣，時而跟隨楚懷王遊獵，時而在宮廷宴會上為演奏歌舞寫詩作歌。屈原衣冠楚楚、溫文爾雅。懷王很喜歡這位目光遠大、話語中洋溢着激情的年輕人。

楚懷王十一年（公元前318年），楚懷王任命屈原為左徒。左徒這個官職，雖比宰相的官職小，但對內能參與議論國事，發布號令，對外能接待各國賓客，權力不小。屈原興奮極了，他施展抱負的機會終於來到了！

有一天，懷王與屈原深夜長談，話題都離不開治理國家的事。談到變法時，屈原大膽地説：「請大王恕臣直言，『前車之覆，後車可鑒』，若大王接受祖宗的教訓，堅定實施變法，**革故鼎新**[①]，必能國富兵強……」

懷王也正有心變法，便問屈原：「不知你願不願意為朝廷出力，為寡人制定《憲令》，實行變法？」

[①] **革故鼎新**：革除舊弊，建立新制。

　　這正是屈原夢寐以求的事！多少年來，他一直渴望將滿腹的學問、滿腔的熱情報効國家，為楚國的強盛出一分力！不過，他還是很謙虛地説：「蒙大王厚愛，慚愧！恨孺子才疏學淺，難勝此大任。至於制定《憲令》實行變法，我輩責無旁貸，願為大王効勞。」

　　懷王看出屈原的忠誠報國之心，為楚國有這樣優秀的青年而高興。他仍試探地問：「治國之道，最要緊的是什麼？」

　　屈原答道：「為天之道，在於寬；為地之道，在於容。天寬地容，百姓方可生存。」

　　懷王眉開眼笑，説道：「我們楚國的美好將來，就交到你手上了！」

　　此時，天已微亮，東方的太陽向大地投下了一縷金色的陽光。屈原從王宮出來，全身熱血沸騰！

想一想

1. 屈原的才學從哪裏可以看出來？

2. 屈原為什麼能得到楚懷王重用？

四　變法不成遭禍殃

　　屈原接受了懷王的旨意後，日夜思考着變法的大事。懷王不時來找屈原商討變法事情，他們有時在花園裏漫步，有時坐在殿堂中討論。屈原還做了許多調查，又翻閱了大量的資料，一些變法的內容和條例漸漸在腦海中形成。

　　這一天，懷王和屈原相對而坐。懷王問：「新的《憲令》有雛形了嗎？」

　　屈原説：「有。在國內，我們首要發展生產。我國地理位置比秦國優越，氣候好，人口多，可是我們的農業、林木業、畜牧業、漁業，都比他們落後。我們要實行變法，獎勵發展生產，人民生活得到改善，人心自然歸向，共同擁護朝廷，愛護國家。人心一致，泰山都可以移動，國家肯定能富強起來。」

　　懷王點頭讚許。

　　屈原又説：「對外方面，我們應團結近鄰國家，一致『合縱』，對付秦國。這樣，天下才能太平。而在這個合縱的聯盟中，我們要全心全意依靠齊國……」

屈原還未説完，懷王就打斷他的話，問：「為什麼？」

屈原説：「齊國是東方大國，又是富國，而且秦多次出兵，對齊造成極大的傷害，兩國早已是**宿敵**①。正像我們和秦國的關係一樣，仇恨深不可解。所以，我們要聯齊抗秦，是為上策。」

知識門

合縱：
楚國與燕、齊、趙、魏、韓等國在地理上可連成一條南北縱向的直線，這裏是指除了位處西方的秦國外，各國聯合起來，一致抗秦。

懷王臉上露出贊同的神情。

屈原稍停片刻，又説：「變法中，還有一項很重要的內容，那就是要限制貴族的特權。」

此時懷王面露難色，他知道，這一限制就牽涉到很多近臣和王親國戚的利益，他不想聽到他們的怨言。懷王問道：「除此之外，就沒有別的辦法了嗎？」

屈原堅決地説：「沒有。如今楚國的狀況就是貴族們不守法度，結黨營私，貪污舞弊，使許多政令不能貫徹執行，這是內政改革的最大障礙。大王，要狠下決心啊！」

懷王低頭不語，兩人沉默了很久。

---

① **宿敵**：長久以來互相對抗的敵人。

屈原輕輕地吟出兩句話：「不飛則矣，一飛衝天；不鳴則已，一鳴驚人。」

懷王抬起頭說：「這是先君楚莊王說的兩句名言吧？」

屈原說：「正是。先君莊王為什麼能一飛衝天，成為春秋五霸之一？就是因為他限制了權貴的權力。那時的**令尹**越椒目無王法，**驕橫跋扈**[①]，莊王下決心罷免了他，重用出身低微，但很有才華的孫叔敖，為國家的大治打下了基礎。」

知識門

令尹：
官名。春秋、戰國時期楚國的最高官職，相當於宰相，掌管軍政大權。

懷王仔細地聆聽着屈原的每句話。

屈原站起來說：「限制貴族的特權可以從多方面着手，譬如，**封君**[②]的子孫傳到第三世，就應當取消**爵祿**[③]。官吏要裁減，俸祿要減少。此外，大王要鼓勵人們去開發邊遠地區，及時給予獎勵……」

屈原的忠貞良言打動了懷王，懷王走到屈原跟前說：「你抓緊時間，趕快將新《憲令》寫好。」

[①] **驕橫跋扈**：形容人傲慢無禮、目中無人。
[②] **封君**：泛指有爵位和封地的人。
[③] **爵祿**：爵位和俸祿。

屈原見懷王對他如此信任，高興萬分，他叩謝説：「臣一定儘快完成，決不辜負大王的重託。」

屈原轉身要走，懷王又叫住他，輕聲叮囑一句：「此事重大，記住保密，不能跟任何人提及。」

屈原連連點頭，他明白，這改革大事，一旦洩露，就會受阻。他連忙説：「大王放心，臣一定會小心，把事情辦好。」

屈原從王宮回去後，便將自己關在了書齋裏，專心起草《憲令》。清晨，他迎着太陽走進書房；傍晚，他望着明月從書房裏走出來，苦苦拼搏了幾個月，一部新的《憲令》，一系列新法草案終於完成了。屈原雖然消瘦了不少，但他看上去英姿勃勃，春光滿面，他彷彿看到了楚國振興的美景。

新法呈交給懷王**御覽欽定**[①]。懷王看着這部具有劃時代意義、集智慧和良知於一紙的宏篇巨制，面前好像呈現着漫漫坦途，一片陽光。

這天早朝之後，懷王將屈原、靳尚、司馬子椒、熊忠臣等重臣留下，討論有關變法改革的事。

變法一事剛提出，便如炸開了鍋。司馬子椒搶先

[①] **御覽欽定**：由天子或統治者審閱、裁定。

説：「大王，變法關係到社稷百姓，須謹慎而行！」

靳尚進言道：「古人曾説，無百利不變，利少弊多不變。依臣看，變法在楚國很難實行。」

朝廷上一片反對之聲，使懷王十分為難。

這時屈原站出來，義正辭嚴地説：「商湯、周武之所以稱王，是因為他們勇於革新除舊；夏桀、殷紂之所以亡國，是因為他們陳腐守舊。古人也説過：『三代不同禮而王，五伯不同法而霸。』夏商周這三代有不同的禮制，但都能稱王；春秋時期五位霸主各用不同的法制，但都先後稱霸。王道霸術，貴在變法。」

熊忠臣對新法也不存好感，他説：「楚國近幾年來，風不調，雨不順，有的地方出現地震山崩，這是天象示警，萬不可變法啊！」

靳尚看準時機，接話説：「是呀，天意不可違，先王之法不可變。大王若一意孤行，必遭天下非議，招來禍難啊！」

楚懷王雖有變法大志，但眼前的處境讓他畏而卻步。他知道變法一事無法再商議下去，便説：「這法是一定要變的，但如何變，待以後再議。」

離開殿堂時，靳尚、司馬子椒都用仇恨的眼光怒視着屈原。

此後，貴族們幾乎是傾巢而出，對變法羣起而攻之。他們四處揚言，要把屈原千刀萬剮，要使他與吳起有同樣的下場。

一場反對變法的暴風雨隨即降臨。

懷王不再在王宮裏與朝臣們討論變法之事，他先讓屈原去做些小試驗。

有一天，屈原視察**廢井田**、開**阡陌**①的情況。他在郊外看到，雖然朝廷頒布了墾荒令，但這裏仍一片荒蕪。在一條神柱上，還掛着一顆血淋淋的人頭，據說是那人因墾荒而被殺。當地人説：「這是封疆神柱，墾荒令在此行不通。」

屈原找到當地官員，命令他將神柱上的首級取下，並將四鄉民眾喚來。屈原對他們説：「這個人是為墾荒而犧牲的，他是維護新法的有功之士，當厚葬在這裏。」這裏的鄉民也巴望多開荒，擴大種植面積，有更多的收成，只是在貴族的淫威下，誰都不敢輕舉妄動。此刻見到屈原説出他

---

① 阡陌：田地中間縱橫交錯的小路。粵音千墨。

> **知識門**
>
> **廢井田：**
> 周朝開始設井田制，把一個區域的土地劃分為九塊，形狀似「井」字，當中的八塊為私田，中間的一塊為公田。廢井田即是承認土地私有，有助鼓勵生產，促進農業和經濟發展。

們的心聲，大家都為之鼓舞，為之振奮。屈原從此事也看到變法在楚國勢在必行，然而前路並不平坦。

屈原的一舉一動，都被貴族們看在眼裏，他們對屈原恨之入骨，要設法陷害他。

一天，懷王正饒有興趣地在宮中看歌舞表演，靳尚急匆匆地跑進宮。由於他是懷王的寵臣，有隨時進宮的特權，誰也不敢阻撓他。懷王見他神色慌張，忙問道：「什麼事讓你這麼慌張？」

靳尚故作鎮靜地說：「說出來，怕大王要大吃一驚。」

懷王揚揚手，說：「那就快些說出來。」

靳尚裝出很氣憤的樣子，說：「大王如此重用屈左徒，可他在外面**大放厥詞**[1]，對大王不恭。」

「他說些什麼啦？」懷王問。

「他在宮外到處宣傳，變法革新是他的功勞，而大王……是個傀儡……」

懷王聽着，臉漸漸發紅，一股怒氣衝出來，他吼道：「屈平呀屈平，寡人信任你，讓你實施變法，你也不能這麼狂妄啊！」

---

[1] **大放厥詞**：發表誇張的言論。

靳尚見懷王動了氣，心中暗喜，他彎着腰恭維道：「大王聖明，屈左徒是個有野心的人，不要看他一臉正經，肚子裏可藏了不少詭計。」

靳尚在懷王面前説了屈原不少壞話，惡意中傷屈原。他還暗地裏還勾結懷王的愛妾——南后鄭袖，慫恿她去懷王面前説屈原的不是。鄭袖因為長得漂亮媚人，能歌善舞，很得懷王的歡心。她特別喜歡自己的兒子子蘭，夢想讓他繼承王位，是個野心勃勃的女人。當靳尚告訴她，屈原變法成功，會給他們母子帶來不利，鄭袖便在懷王面前添油加醋，講了許多屈原的壞話，使懷王心裏窩了一肚子火。

有一天，明堂設早朝，懷王派人傳信召見屈原。屈原以為懷王又要商定變法之事，連忙帶上新的《憲令》草案，興沖沖地趕到宮裏。

懷王坐在大堂中央，一臉怒氣。他瞅了屈原一眼，説：「屈平，這些年來，寡人待你怎麼樣啊？」

屈原不知懷王為何生氣，心裏一驚，但還是鎮定地回答：「大王對臣一直都很信任……」

懷王不等他把話説完，突然猛地一拍桌子，提高嗓門説：「寡人把楚國大事託付給你，你卻妄自尊大，不把我一國之主放在眼裏……」

　　「大王息怒！不是這麼回事。」屈原分辯説。可是懷王根本不想聽屈原解釋，還讓人把屈原轟了出去。

　　自此以後，懷王疏遠屈原，再也不和他商量國家大事，變法圖強的事也無法實行了。

　　屈原有時路過王宮，也不能入內，他望着高大的石牆，心裏默默地説：「大王啊大王，你怎麼這樣糊塗，聽信讒言？疏遠我事小，不再實施變法，楚何以圖強啊！」

　　懷王就是這樣一個偏聽偏信、沒有主見的人。楚國的大權落入了一夥奸臣的手裏，他們又可以為所欲為，肆無忌憚地左右朝政了。至於屈原的變法主張，就這樣無疾而終了。

　　1. 屈原有哪些變法主張？

　　2. 屈原的變法為什麼會失敗？

五 楚王受騙斷齊交

秦國在七雄中為強國，它稱霸的野心也特別大。楚國在七國中佔有重要的地位，秦視楚為頭號敵國。楚國提出「合縱」，秦國就來「**連橫**」，半點也不相讓。

屈原變法失敗的消息傳到秦國，秦國國君秦惠王覺得這是一個千載難逢的好時機，決定派張儀到楚國去離間楚齊關係。

張儀是魏國人，當時三十多歲，是著名的「**說客**」。他出身低微，早年曾游說過楚國，楚王不用他，後來去了秦國，秦王封他為相，他為報答秦王之恩，盡力為秦効勞。

張儀出使楚國之前，秦惠王召見他。秦王對他說：「你對楚國瞭如指掌，楚國目前的情況對我們有利，你去那裏，設法讓它不能強硬起來。」

知識門

連橫：

指位處西方的強國秦國與其他小國聯合起來，成一東西橫向的聯盟。當時諸侯國之間時而「連橫」，時而「合縱」。「合縱」是為了聯合小國的力量共同抗秦，而「連橫」則是秦國用來破壞六國「合縱」聯盟的計策，讓小國看似可以依附強大的秦國，但最終變得孤立，容易被秦擊破，以達到秦稱霸天下的目的。

張儀堆起笑臉，瞇着眼説：「大王英明，楚國正陷在變法的失敗之中，國內一片混亂，靳尚等貴族權力很大，楚王又是個優柔寡斷之人，現在正是去游説的好時機。」

秦惠王很滿意地點了一下頭。

張儀接着説：「楚國雖然地大人多，人才濟濟，但朝廷軟弱，實不足畏。可怕的是它的新生力量，指的就是像屈原這樣的人。只要除掉屈原，變法不成，楚國就沒有什麼指望了。」

秦王聽着張儀的話，相信張儀對他的一片忠心，很放心地説：「這事由你去辦吧！」

楚懷王十六年（公元前313年），張儀受命起程，去楚游説。他一到郢都，首先就去拜訪靳尚，並在他的府裏住下。

靳尚的住處，跟王宮差不了多少，豪華而規模宏大。數不盡的宅房，看不盡的亭台樓閣，假山池水，奇花異草，珍禽怪獸，應有盡有，看得張儀目瞪口呆。他從靳府的豪華便知靳尚在楚國的顯赫權勢。只要與靳尚打好關係，日後在楚國就方便多了。

知識門

説客：

用言語去游説別人的人。戰國時期，有些叫「縱橫家」的人到不同國家去游説君王採用自己的政策，例如張儀提出「連橫」，蘇秦提出「合縱」等。

張儀將帶來的貴重禮品送給靳尚，靳尚眉笑眼開，將張儀視為座上客，用最好的東西款待他。

張儀對靳尚説：「此次來楚，還望上官大夫關照，讓在下能與楚王見上一面。」

靳尚説：「這好辦，但你不要太心急，先與楚國的一些重臣見見面，以後自有人幫你説話。」

楚國的重臣們收了張儀的厚禮，以及在張儀的慫恿下，更起勁地反對屈原和屈原的變法。司馬子椒説：「屈左徒知公議難抗，改革才算**偃旗息鼓**①了。只是大王喜怒無常，朝令夕改，別讓變法死灰復燃啊！」

靳尚説：「張儀來楚，準能讓屈原不能翻身。」

張儀在靳尚的官邸裏，不斷與楚的貴族和高級官員見面。靳尚還安排張儀秘密拜訪了南后鄭袖。

他們合謀的計策是：死死困住屈原，不讓他和楚王見面，這是徹底扼殺變法和破壞「合縱」的最好辦法。

懷王已不常見屈原，只在偶爾心血來潮時，召他來談些詩文。然而每次相見，貴族們都會布下耳目。屈原見到懷王，總不忘談及振興楚國的大事，這使貴族們對他更加恨之入骨。

---

① **偃旗息鼓**：放倒軍旗，停擊戰鼓。原指秘密行軍，不露行蹤，後比喻事情中止。偃，粵音演²。

　　屈原這位年輕的政治家、改革家，為國事食不知味，夜不能眠，他才二十七歲，卻滿臉鬍子，面容憔悴，骨瘦如柴，只有一雙智慧的眼睛炯炯有神。

　　經過靳尚疏通後，懷王答應接見張儀，這是張儀這次來楚的最大目的，他迫不及待地進了宮。這一天，明堂兩側奏起了鼓樂，舞女們翩翩起舞，張儀向懷王獻上厚禮。

　　懷王直接地問：「你是秦國的說客，你這次來是想說什麼呢？」

　　張儀不慌不忙地坐下，彬彬有禮地說：「大王是當今最聖明的君主，秦王常說起，諸國之中，他最佩服的就是大王。」

　　懷王一陣爽朗大笑，說：「客卿過獎了，寡人沒有什麼值得秦王佩服的。」

　　張儀說：「秦王一直心存與楚永結友好鄰邦的願望。」

　　懷王點頭說：「寡人也一貫主張與鄰國互不侵犯，永結友好！」

　　張儀說：「這就好。秦王最討厭的是齊王，齊王一直有擴展疆土的野心，秦國欲伐齊，可楚與齊平日交往甚密，秦與齊交戰，即有損秦楚兩國的友好關係。秦王

派我來稟報大王，如果大王願與齊斷交，秦願把**商於**①之地六百里，奉還給楚國，不知大王意下如何？」

商於之地原來是楚國北部的國防要地，楚宣王當政時，被秦國商鞅奪去。張儀現在說將這塊地歸還，懷王當然高興，但仍是將信將疑。

張儀看出懷王的疑慮，繼續說：「如果秦攻齊，齊會求楚出兵援助，這樣楚就與秦為敵了。楚與齊斷了交，齊不會再求楚出兵，秦國得到楚的支持，感激不盡，故而拱手送回六百里土地，這是秦王的意思。我相信大王會深明大義的。」

楚王聽到這裏，一下子站起來，兩眼直逼張儀，問：「此話當真？」

「自然當真！」張儀說，「楚與齊斷交後，便可派人來秦接受六百里封地。」

目光短淺的楚王信以為真，當下就決定與齊斷交，誠心與秦聯盟，指望兩個大國攜手並進。

屈原得到這一消息，失望地搖搖頭，說：「大王上當了，這是楚國的不幸啊！」於是他冒死進宮，要勸說懷王。

---

① **商於**：地名，今陝西商南、河南淅川和內鄉一帶。

在宮裏，靳尚、南后鄭袖正和懷王慶賀與秦攜手並進一事。

屈原叩見懷王後，真誠地説：「大王啊！為什麼要與齊斷交？張儀説獻商於之地，他帶來國書了嗎？秦國如真有和好的願望，為什麼在浙水一帶壓兵十萬？為什麼還要在商於城修築城池呢？」

懷王正沉浸在與秦和好的美夢中，對屈原的責問有些不悦。靳尚、子椒在一旁乘機挑撥離間。

靳尚對懷王説：「屈左徒心中根本就沒有大王，竟用這種口氣和大王説話。大王待人寬厚，可不能被人欺侮呀！」

子椒也接着説：「屈左徒，你好大膽，到處吹噓自己，你説你的手筆就是楚國的法令，你眼中還有大王嗎？」

南后鄭袖也在一邊不冷不熱地説：「屈左徒，你辜負了大王對你的信任！你知罪嗎？」

懷王見大家都説屈原的不是，一時分不清善惡，氣憤地站起來，喝道：「靳尚，把屈平的左徒官職免了！」

屈原一驚，真想申辯幾句，但他自知無用，就憤憤地摘下左徒的冠戴。

屈原就這樣含冤被降為**三閭大夫**。這事發生在公元前313年，屈原二十七歲。

接着，楚王派大將**逢**[1]侯丑去接受六百里封地。

逢侯丑到了秦國，秦臣為他洗塵，卻不見張儀。秦臣説，張儀在

知識門

三閭大夫：
戰國時期楚國的官職，負責宗廟祭祀，以及貴族子弟的教育工作，屬閒職。閭，粵音雷。

從楚回國途中被馬踢傷，傷勢很重，無法見客。逢侯丑很是無奈。其實這是張儀耍的花招，他假裝生病不見使者。逢侯丑只好耐心地等待，一連等了好幾個月，才能與張儀相見。

逢侯丑向張儀索取封地，張儀故作為難地説：「提起這件事，我真是有口難開。説來慚愧，當初秦王派我去楚時，説的是封地『六里』，可我**耳背**[2]，竟聽成了『六百里』，這不是犯了欺君之罪嗎？」

逢侯丑聽了張儀的話，驚愕了半天。

楚懷王聽到這一消息，暴跳如雷，他吼道：「好一個奸詐的秦王！好一個陰險的小人張儀！我一定要報仇！」

---

[1] **逢**：姓氏。粵音旁。
[2] **耳背**：聽覺不靈的意思。

　　子椒、靳尚等人心知不妙，只站在一旁，低着頭，誰也不敢作聲。

　　楚懷王十七年（公元前312年），楚舉兵討伐，大戰秦國軍事重鎮丹陽城。楚派大將軍屈勻[①]出陣督戰，呼喊交出小人張儀。秦軍早有準備，立即迎擊。楚軍實力不及秦軍，加上沒有齊軍的支援，楚軍慘敗。大將軍逢侯丑戰死沙場，主將屈勻被俘，楚軍死傷八萬多人，還被秦國奪去六百里漢中的土地。

　　同年，懷王在盛怒之下，急急忙忙又在藍田對秦發起反攻，兩軍在藍田展開激戰。楚軍包圍藍田，屢攻不破，兩軍殺得天昏地暗。

　　就在這時，魏國和韓國在秦國的煽動下，趁着楚後方空虛，派兵攻打楚國。由於齊國已和楚國斷交，自然不會來援助楚國，楚國形勢危急，顧此失彼，只好草草從藍田撤兵，秦兵乘勢追擊，楚又損失不少兵力。

　　兩次攻秦都慘遭失敗，楚國損兵折將，吃了大虧，楚懷王懊悔不已。

---

① 勻：同「丐」。

想一想

1. 楚懷王是怎樣上了張儀的當的？

2. 楚與秦先後在丹陽和藍田交戰，結果如何？為什麼會有這樣的結果？

六 屈原使齊修舊好

楚懷王上了張儀的當，失地辱國，損兵折將，心裏懊惱不已。有幾位臣子向懷王說起屈原，懷王才後悔當時沒聽屈原的勸告。

和齊斷交後，懷王深感楚乏力無助。如何收拾殘局，懷王考慮再三，還是只有屈原勝任，於是決定召他回宮。

而屈原被懷王冷落後，已很少入宮。他雖然人不在朝堂，但楚國發生的事他都清楚。他常聽到人們議論，楚國在衰敗；他走在大街上，看到從前線歸來的傷兵，心裏十分難過。可是，他只能靠吟詩、彈琴抒發心中的悲憤。

這一天，他正在家裏彈琴，琴聲悠揚而悲涼，他自己也沉浸在對楚國命運的哀怨中。忽然，家中的女僕氣喘吁吁地跑來，說：「大夫，大夫！大王派人來請你入宮了！」

屈原一聽，猛地站起來，眼睛裏閃着亮光，急問女僕：「這可是真的？」

女僕說：「當然是真的，來人在外面等着呢！」

屈原望着窗外，長長地舒了一口氣，說：「我知道，總有一天，大王會回心轉意的。」

他立即備好行裝，跟來人起程趕往王宮。

屈原進宮，懷王已在內廷的便殿等候着他。懷王對屈原說：「寡人錯信了張儀的鬼話，讓楚國吃了大虧，下一步該怎麼辦？」

屈原真誠地說：「大王，秦國是虎狼之國，對它不能求和。張儀是個慣耍陰謀的人，對他要特別小心。藍田之戰，齊國坐視不救，那是因為大王和它斷了交。幾個國家攻打楚國時，齊國並沒有乘人之危，這就證明它和秦國不一樣。我們只有和齊國重修舊好，再結聯盟，這樣才能對抗秦國。」

懷王連連點頭稱是，說：「虎狼之國不可信，這是千真萬確的。」他也明白，楚國除了與齊和好，沒有別的辦法了。他很想派屈原去齊結盟，但不好意思開口，故意問：「這一回結盟，派誰去呢？」

屈原毅然地說：「如果大王決心和齊國友好，臣願意再次到齊國去，盡力勸說齊王與我們恢復邦交。」

懷王很高興地說：「寡人知道，齊王很看重你，也只有你到齊國去，才能做好結盟的事。」

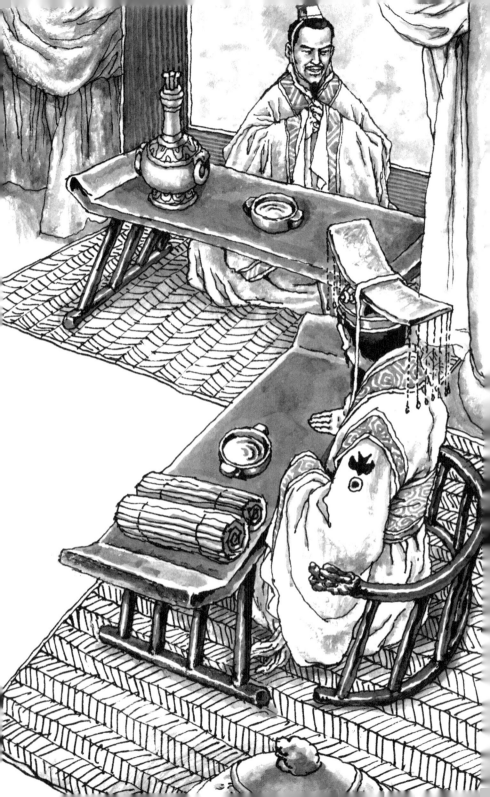

屈原接旨後，立即上路，快馬揚鞭，馳騁飛奔，很快到了齊國。

屈原曾經出使齊國，說服齊楚聯盟，並促成韓、趙、魏、燕簽訂六國聯盟條約，可說是友好使者。這次，齊王也很友善地接見他。

屈原坐定後，對齊王說：「鄙人今日到貴國，是為了齊楚兩國的友好事業而來的。我揣着楚王的聖諭，欲與貴國重新修好，祈大王不計昔日之罪。」

齊王聽罷，一時間按捺不住胸中怒火，說：「楚王竟聽信秦國小人的讒言，與我齊國斷交，還有什麼可再談的？」

屈原勸說道：「大王息怒。鄙人就是楚王派來請罪的……」

屈原滔滔不絕地述說着，從齊楚兩國友好的歷史，從齊的振興，從七雄爭霸的嚴峻現實等幾方面力陳利弊，勸說齊王。齊王被他的才學折服，被他的言辭震動，一邊聽，一邊點頭稱「是」。最後，齊王說：「只要楚王認識到合縱的重要，真心與我們聯盟，齊國願意與楚國重修舊好。」

屈原很感動，立刻回答：「楚王已認識到，只有齊國抵抗秦國的決心最大，可以信賴！鄙人也是見楚王

回心轉意，有志與齊結盟，才接受這次出使齊國的任務的。望齊王明察！」

屈原與齊王長談了一段時間，他的學問博得齊王的賞識，他的真誠話語得到齊王的信任，齊王終於同意重修舊好，齊楚再度結盟。

屈原完成了任務，十分高興，他要把這振奮人心的消息告訴楚王。就在屈原去齊國修復齊楚聯盟關係時，消息傳到秦國。秦王正為破壞了楚齊關係，六國合縱解體，可以一個個地吞併掉這些國家而得意。可現在，懷王派屈原與齊重新聯盟，他的計劃眼看就要落空了，秦王坐立不安，又找張儀來商量。

張儀自薦出使楚國，秦王大驚，認為楚王上次受騙後，仍氣在心頭，如果張儀去楚國，必死無疑。可是張儀一臉自信，似有妙計，於是，秦王決定派張儀去楚國讓楚懷王「治罪」。

張儀到了楚國，又用重金賄賂了靳尚和一些大臣，並請他們按照他的計劃行事。

懷王得知張儀到了楚國，立刻命人將他抓起來，準備殺掉。

靳尚按照張儀的指示，立即去找南后鄭袖，請她設法營救張儀。

靳尚來到鄭袖面前，裝出一副憂心忡忡、欲言又止的樣子。鄭袖見他臉色難看，便問：「大夫，有什麼事讓你心煩？」

靳尚説：「我是為了南后你啊！」

「為了我？」鄭袖有些奇怪。

靳尚走到鄭袖跟前，低聲地説：「我擔心南后以後得不到大王寵愛。」

鄭袖大吃一驚，問：「出了什麼事？」

靳尚説：「張儀從秦國來向大王賠罪，大王將他關了起來，還要殺他。張儀是秦王的心腹，秦王為了救張儀，打算把秦國最漂亮的女人送給大王當妃子……」

靳尚還未説完，鄭袖便對他説：「這事該怎麼辦？你快幫我想想辦法。」

靳尚詭秘一笑，説：「南后只要想辦法説服大王，放了張儀，不就沒事了嗎？」

鄭袖想：對呀，秦國送來美女，不也是為了救張儀嗎？

這天晚上，鄭袖對懷王説：「大王，聽説過幾天大王就要殺掉張儀，是嗎？」

懷王氣憤地説：「張儀欺騙寡人，毀我江山，讓我受辱，豈有不殺之理！」

　　鄭袖一聽，緊挨着大王，撒嬌地説：「大王是否想過，秦王那麼重用張儀，你殺了他，秦王一定會為他報仇，大動干戈。聽説秦國在西邊駐紮了很多兵馬，正在找理由攻打我們楚國，現時這不是最好的藉口嗎？郢都一旦失守，我和大王生死都難保啊！我求大王，做事三思而後行。」

　　説着，鄭袖痛哭起來。鄭袖一哭，懷王便沒了主意。公子子蘭平時與靳尚就有勾結，此時也幫母親説話：「我聽人説，張儀被關押後，秦王又在楚國邊境增了兵。」

　　楚懷王是個外表強硬、內心怯懦的人，他害怕秦國真的再次出兵，第二天便下令釋放張儀，還設宴為他送行，派人護送張儀回國。

　　屈原完成了聯齊結盟的任務，一路上日夜兼程地趕回郢都，但馬車一進郢都，便聽到了張儀被放的消息。他來不及回家更衣，直奔明堂，拜見懷王。

　　屈原先向懷王報告了與齊國訂立盟約的經過，然後問懷王：「聽説大王釋放了張儀，這是真的嗎？」

　　懷王點頭説：「為了秦楚不再發生戰爭，我就放了張儀。」

　　屈原氣憤地説：「大王相信這樣做真的會太平嗎？

秦王一向老奸巨滑，他最害怕的是齊楚聯盟，可大王竟一而再，再而三地上秦王的當，這次不殺張儀，會後患無窮……」

懷王聽了屈原的話，知道他說的有道理，但他不想承認自己錯了，便搬出靳尚和鄭袖的話來申辯。

屈原更為憤慨，他說：「張儀拉攏、賄賂我們的大臣，有人故意為他開脫，大王為何這樣輕信？我們只要與齊聯盟，就不怕秦了！大王應馬上派人把張儀追回來，殺掉才對。」

懷王立即派出一支飛騎隊去追趕張儀，張儀也估計懷王會變卦，他被釋放後，連夜趕路，在一天前就回到了秦國。

屈原努力締結的第二次楚齊結盟又破了產。

屈原回到郢都，仍堅持自己的政治主張，常向懷王提出各種建議。其實懷王心裏很不高興，他覺得屈原越來越自以為是，不把自己放在眼裏。靳尚、鄭袖等人又常在懷王面前說些對屈原不滿的話，懷王對屈原產生了怨恨，也就更加疏遠他了。

想一想

1. 屈原第二次到齊國重訂楚齊盟約，說明了什麼？

2. 楚懷王的性格是怎樣的？試略加說明。

七 流放漢北戀鄉土

楚懷王冷待屈原，屈原始終沒有與懷王見面的機會，加上靳尚、子蘭從中挑唆，楚懷王二十四年（公元前305年），懷王下令把屈原趕出郢都，流放漢北，這年屈原三十五歲。

漢北是漢水上游以北的地方，是楚國最北方的邊疆地區。屈原帶着僕人一路朝北走，越走越荒涼。自從離開了熱鬧的京城，眼前看到的只是一座座陌生的小城鎮和鄉村。走了許久，他們來到一個叫北姑的村莊，那裏的村民很淳樸，也很熱情，屈原在這裏暫住幾天。

與京城的生活相比，山村的生活很清苦，也很寂寞。屈原流放到這裏，心裏很苦悶，常常獨坐在屋旁的大樹下，彈琴吟詩。僕人勸他出去走走，對他説：「這裏的山特別綠，水又特別清，山林裏鳥兒的鳴叫也特別好聽。」

屈原聽從僕人的勸告，有時去山林裏或溪水邊散步。他看着空中的鳥兒和水中的游魚，心裏想的全都是郢都的往事，那一幕幕的情景在他的腦海裏盤旋，美景

不能打動他的心，反倒是痛苦的往事充塞了他的整個胸腔，使他更感難過。

他覺得自己彷彿不在這偏遠的山區，仍在郢都一般。懷王召見，深夜長談，苦心寫《憲令》，靳尚、子椒、子蘭的陷害……他心裏似有一條江河在奔流，滔滔滾滾，烈烈揚揚，猛烈地撞擊着他的心。他鬱結了十幾年的哀怨、感傷和憤怒，都化作一首歌從他的心底裏流淌出來。這便是輝煌的詩篇《離騷》。

《離騷》借用了當時楚國的曲名，含有離別憂愁的意思。屈原由執掌內政外交大權的左徒降為閒職三閭大夫，繼而流放，來到這荒涼的偏遠之地，他能無愁嗎？國家臨危，奸臣當道，懷王不悟，屈原能無憂嗎？他真想借這首詩歌，喚醒懷王啊！

《離騷》説的是，屈原胸中有許多抑鬱不平的情感，需要發洩：自己為楚國的前途和命運擔憂，卻遭到一夥奸臣打擊；自己有高尚、正直的品格，卻遭到一夥小人污蔑；自己希望君王能奮發圖強，卻被君王誤解，更遭疏遠和流放；自己有變法圖強、振興國家的想法，卻沒有實現的可能……

「路漫漫其修遠兮，吾將上下而求索。」屈原在詩裏，呼喚着尋找一條道路。雖然路是那麼的漫長和遙

遠，但是他仍要走遍天下去追索。

屈原望着眼前的青山綠水，祖國的每一寸土地都是這麼可愛，他在心底裏喊着：楚國啊，這個生我養我的地方，我雖有千種怨恨，又怎麼能離開你呢？

在《離騷》中，有女嬃勸告屈原：「既然大家都不能理解你，你何苦一意孤行？既然世人都在看風使舵，你何必自討苦吃？」

詩中又有**靈氛**[①]占卦，勸他説：「努力遠去不要猶豫啊，九州之大，哪裏不需要人才？何必非在楚國不可？」

可是屈原面對女嬃的勸説和靈氛占卦的誘惑，心志變得更為堅定——他不願意離開楚國和故鄉！

他在詩中呼喊着：「僕夫悲余馬懷兮，蜷局顧而不行。」意思是説傷心的馬兒也懷戀啊，弓起身子頻頻回顧，再也不肯向前，我怎麼能離開楚國呢！

《離騷》是屈原的代表作，也是楚辭中最重要的詩篇。它有着豐富而奇特的想像力，超越時空，上下數千年，縱橫數千里，把自然現象、歷史人物、神話傳説融為一體，形成了宏偉的浪漫主義風格。

[①] **靈氛**：傳説中的上古神巫、占卜師。

屈原向北行的途中經過宜城，楚昭王曾經在那裏建都，因此宜城有許多古跡：楚王城、楚王宮、昭王墓、**伍子胥廟**。

屈原對僕人説：「我要在這裏多留些時日。」

僕人知道屈原是楚王室的後人，對宜城別有一番情感，説：「大夫多留些時間就是了。」

屈原在宜城每個地方細看，楚王城、楚王宮這些舊址，他去了一次又一次，想到先王創下的事業，如今的頹敗局面，而自己又正在流放北去的路上，心裏無限感慨，無限悲傷。在楚王宮裏，在宗廟祠堂四壁的牆上，畫着許多天地山川、神靈怪物，以及古代聖人賢士的畫像，屈原在畫下徘徊。

一日，他高聲問道：「圓圓的天宇共有九層，是誰把它規劃建造的？這是多麼驚人的工程啊，最初是誰將施工的重擔肩上挑？天空運轉的樞紐連結在何處？那最高的天頂又在哪兒架得牢靠……」

僕人聆聽着，屈原句句問得鏗鏘有力。

屈原呼喊到最後，長歎一聲，他望着神像，問道：

「上天是不是真的有神靈？如果有萬物之神的話，怎麼能允許壞人橫行霸道，好人遭殃？為什麼奸詐的人升官發財，正直的人流放判刑？世上為何這麼不公平……」

屈原發出一連串疑問。於是，一篇空前絕後的作品問世了，那就是《天問》。

《天問》一共提出了一百七十多個問題，從開天闢地的傳說，夏商周三代的興亡，直到春秋五霸的爭奪，宛如一部用問話體寫成的史詩。全詩氣勢磅礡，既有奇特的想像，也有深沉的思考。巨作篇幅之長，感情之熾烈，在中國詩歌史上無與倫比。

不久，屈原再向北行。從宜城往北，不遠就到達漢北了，在那裏，屈原的腳步有點猶疑。從漢北過去，可以到韓國、魏國、齊國，這都是楚國以前的主要盟國。當時，一些政治家在本國不如意的時候，改去別的國家作客，都是很平常的事。屈原再往前走，也可以離開楚的國土，到別的國家去一展所長。可是屈原不願意，他愛祖國，愛鄉土，這種強烈的感情在他心中燃燒，他無時無刻都恨不得馬上回到郢都去。站在這邊遠的土地上，流浪詩人另一首作品——《抽思》油然而生。

他感歎道：「望孟夏之短夜兮，何晦明之若歲！惟郢路之遼遠兮，魂一夕而九逝！」意思是說初夏的晚

上本不漫長，為什麼從夜到晨好像過了一年？去郢都的路啊，多麼遙遠，但在一夜的夢中，我的靈魂已去過多遍。詩人用纏綿動人的詩句，寫出自己對家鄉的懷念。此時，他那顆被流放激怒的心，已被對鄉土的愛揉和成了溫柔的哀怨。屈原，有着一顆真摯的靈魂。

　　他在流放途中，就這樣用一首首詩作，不斷地打發他的憤怒、懷戀和哀傷。

1. 《離騷》表達了屈原怎樣的情懷？

2. 《天問》是怎樣寫出來的？為什麼說它是空前絕後的作品？

八 祭典英靈招國魂

楚懷王二十六年（公元前303年），秦國派使臣去楚國要人質。

談判席上，秦盛氣凌人，幾經交鋒，迫使楚懷王低頭，答應送太子熊橫到秦國為人質。

楚太子熊橫在秦國舉目無親，雖說是太子，卻過着被監禁和嘲弄的生活，他心中很是不平。

秦楚關於人質問題在有關**文牘**①裏規定：楚太子入秦為人質，以互不侵犯為原則。若楚國侵犯秦國，就拿太子開刀⋯⋯

這些條約只是束縛楚國而已，在太子橫為人質後，秦國侵犯楚界的事常有發生。楚太子雖年輕，但也看出秦國的虛偽。他背後的大刀，閃着寒光，隨時都可能砍下來。

此時，太子橫想起屈原的話：「秦是虎狼之國！」這話一點不假。他心裏有些埋怨父王，為什麼不用屈

---

① **文牘**：公文、書信的總稱。牘，粵音讀。

原，而聽信靳尚、子椒這些**佞臣**^①的鬼話呢？如今害得自己好苦，百姓亦無安寧之日。

楚太子決定要離開這個虎狼之國。可是談何容易？秦大夫就像幽靈一樣跟着他，寸步不離。

那年，正逢陽春三月，花草繁盛之時，遊人雙雙對對，三五成羣到郊外踏青。楚太子也想到郊外散心，他一路上看到桃花盛開，楊柳飄拂，可是這大好的春光並不屬於自己，這是在秦的國土上。想到此，他心裏一陣悲涼。他思戀自己的國土，恨不得馬上回國。再看遊人，有說有笑，追逐嬉戲，自己卻孤身一人，作為人質，多麼可憐可悲。

讓他討厭、心煩的是秦大夫緊緊尾隨在他身後。楚太子氣憤地想：終有一天，我誓要把秦人除掉。

一日，與楚太子關係友好的秦國友人，為了給太子解悶，特邀太子去他家做客。秦大夫得知楚太子獲邀做客，一定要陪同前去，這使楚太子很不愉快。

酒桌上，楚太子和秦國友人親切交談。而秦大夫是個武夫，舉止有些魯莽，他先用大碗喝酒，後來乾脆抱起酒罈，喝了個半醉。

---

① **佞臣**：奸臣，慣於用花言巧語諂媚人。

秦國友人輕聲告訴太子：「太子肩負國家重任，萬不可掉以輕心。秦大夫是張儀的耳目，要多加提防。」

秦大夫又被灌了幾碗酒，醉得更厲害了，腳步都有些站不穩。他袒胸露背，抽出寶劍，亮錚錚的劍鋒寒光四射。他揮舞着寶劍，喊着：「楚太子，何不來與我共舞！」

楚太子手摁住腰間寶劍，「刷」地站起來，怒視着秦大夫。氣氛頓時緊張起來，秦國友人嚇得目瞪口呆，不知如何是好。

酒醉的秦大夫又嘲笑道：「你是楚國的太子，還是楚國的草包？哈哈，楚國出來的都是膽小鬼，草包！」

楚太子不能再忍耐下去了，「嗖」地拔出劍，向秦大夫刺去。

兩人在客廳裏惡鬥起來，你來我往，殺氣騰騰，只聽見兩劍相擊「叮噹」作響，只見白刃寒光飛射。平日受夠了凌辱委屈的太子，這會兒表現得特別驍勇、沉着、剛毅，乘對方一個閃失，利劍猛力刺去，秦大夫躲閃不及，劍刃捅進了秦大夫的小腹，頓時鮮血滿地，不一會兒他便死去了。

秦國友人吃驚不小，連說：「闖了這樣的大禍，如何是好……」

楚太子也一下子清醒過來，知道自己惹下大禍。他安慰秦國友人說：「此事與你無關，好漢做事好漢當，我不能連累你。」說完，他想去自首。

秦國友人鎮靜下來，說：「不可，千萬不可！你是楚國的太子，身上還有重任。我一個等閒之輩，死不足惜。」接着，他向楚太子說出幫他逃走的計劃。

那天，夜幕降臨之後，秦國友人派人護送楚太子出境。等秦派兵追趕時，他已隱進了秦楚交界的山林中。

不久，秦國以楚太子殺死秦大夫為由，調兵遣將，又聯合燕、韓、魏三國起兵，分四路討伐楚國。

楚國邊防，十萬火急。楚懷王接到前方吃緊的軍事情報，派大將昭睢率重兵前去抗敵。兩軍交戰，楚節節敗退，秦國輕取了楚國大片土地。

郢都上空陰雲密布，人們都生活在戰爭的不安氣氛中。懷王又派景鐸出陣，景鐸是一位英武剛毅的將領，他騎着高頭大馬，率領大軍奔赴前線。他的士兵英勇善戰，擊退了秦軍的多次進攻。就在景鐸打了勝仗的時候，秦國派人收買楚臣。毫無主見的楚王聽信謠言，除去了景鐸邊防大將的職務，換上了好大喜功的將領。楚兵趕往巫蜀郡鎮守，這是一場決定國運的戰鬥。楚軍黑壓壓的一片，陣勢威武，戰鬥打響後，戰士們英勇拼

殺，直搗秦營。不料遭敵人埋伏，亂箭如雨射向楚軍，楚軍士兵中箭身亡，亂成一片。伏兵如天兵而降，衝向楚軍，勢不可擋。最後，秦軍大勝，楚軍死傷不計其數。從此，秦帝國在西方崛起。

楚國戰敗後，楚懷王又想起屈原，召他進宮。

懷王對他說：「寡人要你再度出使齊國，修復兩國關係。」

屈原經過流放，面色蒼老，骨瘦如柴。他聽完懷王的話，想起兩次使齊，懷王都與齊斷了交，這次不知又會有什麼變化。他有些不安，但對懷王的回心轉意又感到萬分激動，他在懷王面前跪下，誠懇地說：「罪臣能為國效勞，不勝感激，但惟恐有負大王的重託，還望大王收回成命！」

懷王明白屈原的意思，是怕自己再度變卦，便說：「此次去齊，不會再為難你。國難當頭，容不得多說，早日啟程。」

屈原看出了懷王的決心，受命道：「罪臣學識淺薄，不堪重任，既然大王心意已定，我即使肝腦塗地，也在所不辭！」

齊王怕楚王再次變卦，提出要太子熊橫做人質，懷王面臨秦國嚴重的威脅，萬般無奈下，唯有答應。

楚懷王二十九年（公元前300年），屈原再度出使齊國，並送太子熊橫去當人質。

為了求得太平，懷王在楚國一個叫「夢」的地方，舉行了一個盛大的祭典，紀念那些為國捐軀的英雄。由於楚國的風俗信奉鬼神，這個祭典辦得很隆重，由屈原主持，懷王也親自參加。

屈原想到無數的士兵慘死在秦軍的屠刀下，想到楚的勇士們為了保衛祖國，浴血奮戰，想着死去的戰士，不計其數，屈原心中無限悲傷。

於是屈原為這些壯烈犧牲的英雄創作了一首祭詩——《國殤》，他面對着祭台，神聖地吟着：

知識門

《國殤》：
這是祭歌《九歌》的其中一首。《九歌》由十一首歌曲組成，內容全與祭祀有關。

操吳戈兮被犀甲，
車錯轂兮短兵接。
旌蔽日兮敵若雲，
矢交墜兮士爭先。
凌余陣兮躐余行，
左驂殪兮右刃傷。
霾兩輪兮縶四馬，
援玉枹兮擊鳴鼓。

天時墜兮威靈怒，

嚴殺盡兮棄原野。

出不入兮往不反，

平原忽兮路超遠。

帶長劍兮挾秦弓，

首身離兮心不懲。

誠既勇兮又以武，

終剛強兮不可凌。

身既死兮神以靈，

子魂魄兮為鬼雄。

　　詩歌內容詳細地描述了激烈的戰況，同時也揭示了將士們奮勇作戰的內心世界，藉以歌頌烈士們面對強敵英勇戰鬥、至死不屈的剛毅精神。

想一想

1. 楚懷王為什麼又要派屈原出使齊國？

2. 屈原在《國殤》裏表現了怎樣的思想？

九　忠臣最後的勸諫

　　在屈原被流放的那幾年中，諸侯各國的形勢發生了很大的變化，尤其是秦國。張儀從楚國逃回到秦國不久，秦惠王逝世，由秦武王繼位。秦武王在位四年後離世，由秦昭王繼位。秦昭王為了穩固自己的地位，外交上實行聯楚政策，還和楚國結成聯姻。但事實上，秦國稱霸的野心一直未停止過，它要打擊的第一個對象就是楚國。

　　秦楚幾次交戰，楚都失敗，被奪去土地，損失慘重，懷王感到情況十分嚴峻。他派屈原送太子熊橫到齊國作人質，要求與齊和好結盟，共同抗擊秦國時，已經太晚了。秦國早已把大批的兵力部署在楚國的邊境上。

　　屈原送太子熊橫去齊國這年，秦昭王寫了一封信，派人送給懷王。信上寫着：我國先君和大王曾訂立盟約，友好相處。可是你的太子熊橫殺死了秦國大夫，逃回國去。你不讓他來請罪，反將他送到齊國去，這就挑起了我們兩國之間的矛盾。為了解決問題，恢復兩國友好關係，我願和你在武關會盟。望你務必前來。

　　懷王拿到這封信，心裏一陣驚慌。他坐立不安，不住地歎氣，不知如何是好。去赴約吧，怕中了秦國的奸計，那後果不堪設想；不去赴會，那就肯定會得罪秦王，又給了他攻打楚國的理由。懷王左右為難，便找朝中大臣商議。

　　靳尚第一個説話：「眼下秦國十分強大，而楚國相當衰弱。幸得秦國能主動要求和好，這是一件好事。大王如果不去赴約，那會惹怒秦國，給楚國帶來災難。」

　　公子子蘭已長大成人，還娶了秦國王室的女子為妻。他和靳尚串通一起，想借秦的勢力，取得楚王之位，所以也竭力勸説懷王去赴約。他説：「楚與秦山河毗連，兒女相親，血脈相通，秦王對父王不會有什麼壞心的。」

　　屈原聽到這消息時大吃一驚，他不顧他不能參與朝政的戒律，準備闖進宮去勸説懷王。可在他走到宮殿門口時，只見車子、隨從一片混亂，懷王正要啟程去武關，靳尚、子蘭等人跟隨在懷王身後。屈原不顧一切擠到懷王跟前，行禮後，説：「大王請留步！秦狼毒似虎，兇殘似狼，楚屢屢受騙上當，國土被踐踏，士卒遭殺戮。楚與秦有着不共戴天之仇，大王，你怎能赴武關之約？」

懷王一臉猶豫。

靳尚、子蘭惡狠狠地盯了屈原一眼。靳尚説：「屈大夫話語不妥，楚吃敗仗，是因秦強楚弱，如今它主動求和，為免山河破碎，大王當然應該前往。」

懷王雖然覺得屈原的話有道理，但楚與秦交戰多年，失國土、亡良將，他那原本就不大的膽，早就給秦國強大的軍事實力嚇破了。最後他還是登上馬車，示意啟程。

屈原搶到馬車前，伸手攔住車輛，流着淚説：「秦國在西侵佔我大片國土，在東威脅我國邊境，大王此去好比綿羊投入虎口，凶多吉少。大王的誠意是換不來和平的！」

子蘭走到屈原身邊，不冷不熱地説：「父王此行，一是會秦王，二是會親家，不用外人操心……」

屈原的心被刺了一下，但他還是緊緊抓住馬車説：「大王啊，武關是虎口，去不得……」

車夫聽從子蘭的命令，揚起鞭，趕動了馬車。懷王木然地坐在馬車上，隨車遠去。

看着懷王遠去的車影，在路上揚起的塵土，屈原的淚水如珠子般落下。他心裏明白，懷王此去，不會有好結果。楚國沒有強大的軍事作後盾，楚王身邊又無忠勇

大臣相隨，這一去恐怕就是永別了。

　　懷王經過幾日顛簸，來到武關鎮。武關是秦國的重鎮，軍事要塞。經過連年戰爭，這裏的白骨堆成山，血流成河。秦國的百姓得知楚王來武關赴會，爭先恐後前來觀看。

　　武關上空，狂風驟起，陰雲四處飄散，千年老樹似乎要給大風連根拔起，一場大雨打得人們東奔西跑。秦國來迎接楚王的不是文臣，也不是秦王，而是高大粗魯的武夫。他見楚王，大聲喝道：「你就是楚王？」

　　懷王回答：「寡人正是。」

　　「你來做什麼？」

　　「秦王邀我來議和。」懷王說。

　　「議和？」武夫冷笑一聲，「楚連打敗仗，誰來跟你議和？老實告訴你，秦王不在武關，他還坐在咸陽呢！」

　　懷王心裏一震：屈大夫說得對，赴武關，凶多吉少，這好像真的又是一場陰謀。可他現在腳已踏上秦國的國土，身不由己了。

　　第二天，秦人將楚王「押解」至咸陽。

　　秦昭王傲慢地坐在高台上，召見懷王。懷王進來時，他連屁股也沒有挪動一下，還讓懷王坐在側座上。

懷王本來也是個妄自尊大的人，見秦王如此小看自己，心裏很惱火，他對秦王說：「我按你的約定赴會，你為什麼不以禮相待？」

秦昭王冷笑了一下，說：「以禮相待？當年你領兵攻打秦國，以禮相待了嗎？你的太子殺了人，也不跟我們交待一聲，你以禮相待了嗎？」

懷王惱怒得滿臉通紅，心知自己進了虎穴，已無理可講。他原本一路奔波，已很疲累，再加上心情不佳，這會兒顯得十分蒼老。而秦昭王年輕力壯，血氣方剛，他瞟了懷王一眼，不緊不慢地說：「想結盟也可以，但有個條件。」

楚王抬頭看着他，聽他有什麼花招。

秦王得意地說：「你得把黔中之地割交給秦國，這樣，我們才能坐下來和談。」

知識門

黔中：
郡名。相當今湖南、湖北、四川交界處，及貴州東北一帶。

楚王憤怒極了，原本武關之約是商議兩國結盟的事，現在提出要割讓楚地給秦，真是地地道道的虎狼之國啊！楚王乾脆地回答：「我不會將自己的國土奉送給別國！」

秦王冷笑起來，說：「你不怕我殺了你？你不怕我

舉兵攻楚？」

　　楚王雖像掉進了冰窖，渾身發冷，但他堅定地說：「我決不會在割去楚國土地的協議上簽字！」懷王雖有昏庸的時候，但在國土問題上，他寧可身陷**囹圄**[①]，終老異邦，也不向秦王投降。

　　秦王見楚王態度如此堅決，說：「那好，你好好地想想，有的是時間。不然，你也別想再回楚國！」

　　就這樣，楚懷王被秦昭王軟禁起來。

　　懷王被關在一個院子裏，不能走出大門一步，沒有半點自由。除非逃走，已無別的辦法。後來，懷王在隨從的謀劃下逃了出來，偷偷跑到趙國，打算從趙國返回楚國。不料，趙國害怕秦國，不敢收留他，懷王只得離開趙國，準備逃到魏國去。可是，秦昭王早就布下了追兵，抓住了他，又把他押回咸陽。

　　這一回，懷王終於明白到，活着回楚的希望是沒有的了，秦王派人看守得比原先還要嚴實。懷王每天只能站在窗前看日出，那太陽升起的地方正是楚國的上空啊！他更加懷念楚國了。

　　懷王整天悶悶不樂，連氣帶病，三年後死在秦國。

[①] **囹圄**：指監獄。粵音零語。

消息傳到楚國，屈原泣不成聲，他用拳頭猛擊着桌案，悲憤交加。原先一個好端端、強盛的楚國，就因為懷王的軟弱和偏信讒言給毀了！一國之君客死他國，這對楚是多大的恥辱啊！

懷王客死在秦國的消息，不僅震動了楚國，也震動了其他諸侯國家。

想一想

1. 屈原為什麼勸楚懷王不要去武關赴約？

2. 楚懷王去武關後，結果怎樣？

十 含悲憤再別郢都

當懷王囚於秦，太子熊橫留在齊國作人質時，在楚國裏面，靳尚、鄭袖等人就一起密謀，想趁機立公子子蘭為王。

昭睢得知道消息後，堅決反對。當時身為令尹的昭睢也有相當的權力。他說：「公子熊橫是大王和重臣們共同議定的太子，只有太子才是合法的繼承人。」

靳尚作出關心國家的樣子，說：「我們也知道太子是王位的繼承人，可他現在留在齊國作人質，而國家不能一日無主呀！」

昭睢說：「國當然不能沒有主，我們可以去和齊國商量，接太子回來。如果廢了他，國內必定大亂。」

楚頃襄王元年（公元前298年），太子熊橫回楚繼位，史稱頃襄王。頃襄王上台後，靳尚、公子子蘭圍着他轉，用甜言蜜語灌滿了他的耳朵。靳尚說：「大王年輕有為，定能把楚國治理好，百姓都擁戴着大王啊！」

子蘭跟着說：「大王在上，子蘭一定竭盡全力為大王効勞。」

頃襄王並無政治頭腦，生性優柔寡斷，毫無君王氣質，他沿用先王的紅人靳尚，還偏聽偏信，下令撤去了昭睢的職務，讓他的弟弟公子子蘭做了令尹。而他自己就整天沉湎於酒色之中，尋歡作樂，十天半月不上朝一次，大臣們心灰意冷，憂心忡忡，楚國的朝政每況愈下，更顯衰頹。

就在頃襄王繼位這一年，秦國從武關發兵，直攻楚國，殺死楚國將士數萬人，奪去十幾座城池。秦王就是要讓頃襄王看看他的厲害，要他向秦國屈服。

懷王客死秦國，遺體終於運回郢都，舉國上下，一片憤慨。百姓同情懷王的遭遇，都用不同的方式哀悼他。

朝廷中有良知的臣子相互低聲議論，一個年紀大些的官員說：「先王死得好可憐啊！」

另一個年輕的官員說：「先王赴武關時，屈大夫攔住馬車不讓走，再三說，秦國是虎狼之國，去不得。先王未聽，上了它的大當！」

年長的官員又說：「如按屈大夫的變法革新，『合縱』聯齊，楚國也許不會走到今天這一步。」

年輕官員搖搖頭說：「自古以來，多是奸臣當道，賢良之才受害啊！」

頃襄王望着父王的遺體，也想給父王報仇，於是在全國上下一片公憤中，他斷絕了與秦國的關係，實行聯齊抗秦政策。可他陷在靳尚、子蘭這些親秦大臣的包圍之中，加上生活荒淫無度，不久，他就忘了發憤圖強，報仇雪恨了。

只有屈原沉浸在長期的哀傷之中。他回憶往日和懷王在一起的日子，那時他是多麼振奮。先王曾那樣信任他、重用他，採納過他的外交政策，與他一起秘密商議變法圖強之事。後來，懷王雖然疏遠他，免去了他左徒的職務，但還讓他出使齊國。即使不讓他再參與內政外交事務，還給了他一個「三閭大夫」的清閒官職。先王對自己還是一位不錯的國君啊！可惜，先王已經離去，自己再也不會有被重用的機會了。屈原在悲痛的心情下，作了詩歌《招魂》，以遙祭已身故的楚懷王，並藉此鼓勵人民要發奮圖強，為國雪恨。

看着靳尚、子蘭胡作非為，看着頃襄王沉迷酒色，並娶了秦大臣的女兒為妻，屈原為楚國的命運擔憂。在良心的驅使下，他不顧自己的安危和別人的陷害，不斷給頃襄王寫**奏章**，提出變法強國的見解，又揭露幾年來，朝廷中的小人與

知識門

奏章：
臣子向帝王呈遞的意見書。

85

秦國勾結的罪行。他勸諫頃襄王要為楚國、為懷王報仇雪恨。

可是這些奏章都落到了子蘭手裏，他拿着奏章去與靳尚商議。

靳尚有點擔心，説：「先王駕崩後，朝廷中有人給大王出主意，重新起用屈大夫，我們要格外小心。」

子蘭很不痛快地笑了一下，説：「哼，先王也沒有重用他，大王更不會喜歡這個怪老頭，但我們不能老讓他沒完沒了地送奏章。」其實屈原此時不過才四十來歲，但因為憂心國事，看起來已是蒼蒼老態了。

靳尚在屋裏踱了幾步，思索了一陣，猛回過頭來做了一個動作。

子蘭馬上領悟了，欣喜地説：「設法請大王讓他離開郢都！」

靳尚神秘地點點頭。

他們將屈原的奏章作了一番修改，再呈給頃襄王。

那一日，頃襄王懶懶地上朝，子蘭手捧奏章拜見頃襄王。

頃襄王拉長音調問：「誰上的奏折？」

子蘭説：「是屈大夫屈原。他到

知識門

奏折：

寫有奏章的摺子。

處跟別人說，先王如何禮待他、重用他，但大王不識他這個『才』……」

頃襄王聽了，一臉不高興，他說：「把奏折拿過來。」

子蘭遞奏折時，靳尚作出對頃襄王很忠心的樣子說：「大王英明，會洞察一切。屈大夫總以為自己出身王族，應有一個好官位。他對朝廷的事處處不滿，大王做了秦國的女婿，他竟說是當了秦國的傀儡。」

子蘭在一邊又添油加醋，說：「他還說，大王忘了先王之仇，不忠不孝。」

頃襄王聽到這裏，一拍桌子，把奏章扔到地上，大聲吼道：「反了！反了！他這個瘋子，竟敢管到寡人頭上來了！」

子蘭接口說：「這個老傢伙，總自以為是，太狂妄了。」

照頃襄王當時的脾氣，只有殺了屈原才解恨，但一時又說不出一個像樣的理由，他知道很多人對屈原很崇敬，不能輕易殺他，就氣憤地下令：「撤掉屈平三閭大夫的官職，發配到江南去，沒有我的命令，永不能返回郢都！」

靳尚、子蘭偷偷對視了一下，心中暗喜，他們的陰

謀又一次得逞。

　　而屈原聽到這個消息後，愣了好半天。妻子對他說：「看來是奏折惹的禍。」

　　屈原捏緊拳頭，在桌上猛捶一下，氣憤地說：「大王已讓小人包圍，什麼話也聽不進了。」

　　「那你何苦去管這些事呢？」

　　屈原卻回答說：「可憐的楚國就像一條破底的大船，要往下沉了；百姓也要像無父無母的孤兒，受人欺凌了。」屈原那傷痕纍纍的心上，讓人灑滿了鹽。

　　楚頃襄王六年（公元前293年），屈原動身離開郢都，這是他第二次被流放了。

　　這天，正是一場罕見的暴風雨滌蕩着江漢平原。屈原淚濕衣襟，悲歎道：「我是真的就要離開郢都了嗎？這一去就是永別了。我最放心不下的就是郢都，今後，它將會是怎樣的模樣……」他不敢再想下去。

　　他對妻子說：「我這一次流放，和懷王那時的流放是不同的，我再也不可能回郢都了。」

　　妻子勸慰說：「也許過幾年，大王息怒了，會讓你再回京城的。」

　　屈原傷感地搖搖頭：「聖命難違，這次出門遠行，再也回不來了。」

一切收拾停當，當僕人打開屈府大門，屈原被眼前的情景驚呆了：暴風雨中，佇立着上千人，男女老少：有**縉紳**大夫，有平民百姓；有的挎籃贈送食品，有的人還跪在雨水中。

知識門

縉紳：
古代稱有官職或做過官的人。

屈原大為感動，熱淚縱橫，他抱拳施禮道：「各位父老鄉親，快請起，如此的深情厚意，我屈平擔當不起呀。」

人羣中有人悲呼：「屈大夫，你受委屈了！」

屈原微微含笑道：「楚國在我心中。」

屈原坐上馬車，車子在大雨中顛簸離去。

天空驚雷炸響，大雨如注，人們低聲地哭泣着，用淚水送屈原上路，遠行……

想一想

1. 屈原為什麼第二次被流放？

2. 為什麼有這麼多人來送別屈原？

十一 顛沛流離抒悲情

屈原雖被流放，但他和一般流放的犯人不一樣，有自己的車馬和僕人。屈原從郢都出發，順江而下，走着艱難曲折的道路。後沿**沅江**[1]繼續西行，經過**枉渚**[2]、**辰陽**[3]，再到漵浦。

漵浦位於今湖南西部，南面與**雪峯山**[4]相接，羣山重疊，是個十分荒僻的地方，百姓生活貧困。這裏的人都沒有見過屈原，但大家都知道他是位憂國憂民的清官，對他十分敬重。

屈原一路走來，漫遊了那裏廣大的土地。他有時會到老百姓家裏坐坐，有時走去參加那裏的祭神活動，順道採集民間詩歌。

漵浦的百姓對屈原也很熱情，在小山上用竹木和茅草為他建造了三間茅草房。這裏的風光十分秀美，綠的

---

[1] **沅江**：今湖南西部。沅，粵音元。
[2] **枉渚**：沅水的小水灣，在今湖南常德南。渚，粵音主。
[3] **辰陽**：古地名，戰國楚址，在今湖南辰溪西南。
[4] **雪峯山**：在湖南西部，沅資兩水之間。

山，清的水，可屈原在流放途中，他的心一刻也沒有安寧。他心中想的是楚國的萬里江山，惦念的是頃襄王和郢都，擔心的是小人與秦的勾結，楚國的錦繡河山受到秦國的踐踏，百姓受到欺凌。

那年，溆浦一帶流行「瘧疾」，屈原自幼讀過不少醫書，他知道這種病的厲害，於是便招集了村裏的青壯年，給他們講醫學知識，教他們怎樣採藥、炮製和煎服。大家有了這些瘧疾常識，村裏的瘧疾很快得到控制，村民紛紛向着屈原居住的小山包磕頭致謝。

有一回，屈原來到一戶山民家裏。這戶人家窮得只有一張破矮茶几，家裏的人個個骨瘦如柴，席地坐着。家中老人把一個個黑不溜秋的野果子分給兒孫們吃，屈原拿過一個，問道：「這是什麼果子？」

老漢説：「這叫火燒柑子。傳説一位燒火的丫頭想偷吃蟠桃，被王母娘娘發現，於是燒火丫頭被貶到雪峯山，變成了火燒柑子。」

屈原聽罷，頓時感傷，天宮也有不平事啊！他剝開火燒柑子，將柑瓣放到嘴裏去咀嚼，哎呀，這柑子又酸又苦又澀，屈原説：「這火燒柑子如何嚥得下去？」

老人苦笑了，説：「這裏只有火燒柑子，多年來我們就是靠它充飢的。」

　　屈原不禁黯然淚下。他下山後，寫了數封書信到各處橘鄉，要求贈送橘苗。人們見是三閭大夫所求，都樂意幫忙。第二年的春天，橘苗被運送上山，山民見運來這麼多橘苗，個個笑逐顏開。他們在高山上、溪水旁都種上了橘樹。沒過幾年，這裏漫山遍野都是橘林，結出來的橘子又大又紅又甜。人們吃到它的時候，都不會忘記是屈大夫經過這裏時，給他們留下的。

　　屈原在漵浦住了四年，又往西去。屈原一路顛沛，跟隨他的人死的死，離的離，漸漸的只剩一兩個僕從。屈原在精神上很痛苦，整天鬱鬱寡歡。他流浪的那一帶還沒有開發，到處是深山窮谷，土地荒僻，猿猴成羣。回想屈原年輕時，穿着很考究，他又特別愛乾淨，總是衣冠楚楚，如今四處流浪，衣服又髒又破。他坐在清澈的河水旁，望着自己的倒影，一個乾瘦、衣冠不整的老頭出現在他面前。他禁不住落下淚來。想當年自己英姿勃勃，胸懷振興楚國大志，向懷王述説己見，可先王軟弱，再加上奸臣陷害，自己才變成了今天這般模樣。他禁不住對天高呼：「這就是忠臣的下場嗎？」

　　他回顧歷史：正直的伍子胥被吳王賜劍自盡，比干被剁成肉醬……自己

知識門

比干：

商代貴族，紂王的叔父。相傳因屢次勸諫，得罪紂王，被剖心而死。

的遭遇與他們不是非常相似嗎！

　　屈原有時還會夢想，頃襄王哪一天醒悟過來，聯齊合縱，變法圖強，楚國也許還會有些希望。

　　然而身處郢都的頃襄王早把屈原忘得一乾二淨了，他以為娶了秦女，成了秦國的女婿，就可以平安無事，過上逍遙歡快的日子。可是秦國對楚並不友好，它總是要挾楚國，要楚聽從它的命令。

　　公元前281年，頃襄王終於「醒悟」，打算實行「合縱」政策，與齊、韓結盟和好，聯合攻打秦國。可是楚國還未有行動，秦已派兵進攻楚國。公元前280年，楚軍大敗，給割去漢北大片土地。公元前279年，秦又奪取了楚好幾座城池。楚國的力量越來越衰弱，秦國卻越來越強大，它已準備好併吞六國。

　　秦昭王看準時機，準備先消滅楚國。

　　秦國大兵在楚壓境，步步緊逼。戰報火急地送上朝廷，頃襄王的案桌上堆滿了戰報，文武大臣亂作一團，有些人收拾金銀財寶，向江南逃去。靳尚勸說頃襄王趕快割地給秦國，頃襄王照辦，派出使臣去秦國，表示願意割地求和，可秦昭王要的不是楚的一小塊土地，他要的是整個楚國！

　　秦發動攻勢，楚節節敗退。人們放棄了家園，向異

地他鄉逃去，一路上都是逃難的人。

屈原在流放的路上也不時碰到一些逃難的人。被放逐的十多年來，屈原的心一直惦記着郢都，只要聽說有從郢都來的人，他都要去打聽一下那裏的情況。

楚頃襄王二十一年（公元前278年），秦昭王派白起發兵，直逼郢都。楚將士雖盡力抵抗，但仍抵擋不住勇猛的秦兵。秦兵衝進郢都城內，到處燒殺搶劫，血流成河，楚王的祖墳也被火燒毀。頃襄王倉皇出逃，遷都到**陳城**①。

這天，屈原拄着拐杖到渡船亭去眺望，想打聽消息。從河的那邊來了兩個經常到郢都做生意的人。屈原正要發問，不料其中一人扶着屈原痛哭起來。屈原猜想，一定發生了不幸的事，忙問：「楚國又打敗仗了？」

那個痛哭的人抬起頭來，說：「秦軍已攻佔了郢都！」

屈原聞聽，頭上「嗡」的一聲，像要炸開似的！他不相信自己的耳朵，怒睜着眼，渾身顫抖着，大聲問道：「你說什麼？」

那商人回答：「秦軍佔領了郢都！」

---

① **陳城**：今河南淮陽。

屈原頓感天旋地轉，勉強穩住了身子。他讓自己定定神，問道：「那楚王呢？」

商人回答：「楚王和大臣都轉到陳城去了！」

屈原向後倒退了一步，差點栽倒在地上。

郢都淪陷了！秦佔領了郢都！這一消息撕碎了屈原的心。他魂牽夢縈的郢都，日思夜想的家鄉，竟落到了暴秦手裏。他的心在抽搐，在滴血，他為之奮鬥、拚命保衛的國土，就如此落在敵人手裏。

屈原不知自己是怎樣離開渡船亭，怎樣回到住處的，他在那張破舊的牀上躺了好幾天。

郢都的陷落，對於漂泊困頓的屈原是最為沉重的打擊。在他的心目中，國都和君王都是國家的象徵，如今國都淪陷，君王逃遁，人民處在水火之中，自己再有抱負志向，又有什麼用處呢？這樣活着，真是生不如死，他感到無比絕望。

這天夜裏，屈原聽着奔流不息、「嘩嘩」流淌的江水，心裏呼喊着：「郢都，你在哪裏？」

他望着窗外的明月，悲哀地吟頌起來：「我離開郢都，要往遠方啊，沿着那長江和**夏水**①流放……篤船駛向

---

① **夏水**：古河名，在今湖北境內。

下游啊，身後是洞庭，眼前是長江……」一首充滿哀傷情感，又充滿無比悲憤的詩《哀郢》從他心裏湧出。

屈原在這首詩裏寫出了對祖國山山水水、一草一木的無比熱愛，譴責了昏君佞臣禍國殃民的罪行，訴說了人民流離失所的悲苦，整首詩籠罩了一層灰暗陰沉的氣氛。詩中只問不答，或藏答於問，還有一連串的反問，把屈原蘊藏在內心深處的憂愁、哀憐、怨恨、憤慨，淋漓盡致地傾吐出來。

在《哀郢》中，屈原雖然離郢都越來越遠，但思戀之情卻越來越深。這無比優美、悲傷的詩句，成為千古逐客思鄉的絕唱。

自此之後，屈原常常一連幾天不梳洗，披散着頭髮在江邊奔走。他彷彿想在那裏找一個渡口，幫助他渡回到他心中的郢都去。

想一想

1. 郢都是怎樣淪陷的？
2. 著名詩篇《哀郢》是如何寫成的？它流露了怎樣的情感？

十二 懷石投江別人生

　　這一日，天色特別陰沉，天空飄着細雨。雖已是初夏，但仍有些陰冷。屈原穿着破舊的長衫在江邊漫步，長期的鬱悶、艱苦的流放生活把這位身材高大、風度翩翩的才子折磨得異常蒼老，瘦骨嶙峋。他一會兒看着天空，一會兒看着江水，像在思考着什麼，等待着什麼。

　　太陽出來了，江面上有一隻小船，正向他划來。船上的漁翁朝他喊道：「三閭大夫！」屈原望去，是一個六十多歲的老頭。他雖是一身漁翁的打扮，但從他的舉止上看，他也許是個很有學問的人，為逃避世人的紛擾，如今到這裏來做打魚人。

　　漁翁對屈原説：「你是三閭大夫吧？聽説你還當過左徒，今天怎麼成了這般模樣？」他説着，又將屈原上下打量。

　　屈原披頭散髮，面黃肌瘦，衣服上沾了不少泥漿。屈原説：「是的，我是屈平。你問我，我怎麼會這般潦倒？我可以告訴你，世界上的人都是骯髒的，只有我一個人乾淨。大家都喝醉了酒，只有我一個人清醒。我的

不幸，就是因為我的乾淨和清醒。」

漁翁點了點頭，說：「哦，我明白，你是被流放到這裏的。」

「流放？」屈原哈哈笑着，「我要回郢都去！」

老漁翁很同情地看了看他，又抬眼望了一下天空飄浮的白雲，說：「大夫，你聽說過這樣的講法嗎？聰明的人不固執己見，他能隨機應變，處世隨和。你何必這樣認真呢？你說別人髒，那你就同別人一起變髒，同流合污吧；你說大家醉，你為什麼不能多喝幾杯，也醉生夢死呢？這樣，你就可以少受一些苦，何必這麼清高呀！」

屈原瞪了老漁翁一眼，心想：你恐怕也是個委屈落難的士人[①]，只是將自己隱避起來，到這裏來打發日子，何必來勸說我？

在這個戰國時代，戰事不斷，統治階層鬥爭激烈，有些人為了保全性命，於是掩飾自己的才能，過着隱居的生活。可是屈原寧死也不願背叛自己的志向。

屈原說：「我只知道，洗了頭，要撣一撣帽子；洗了澡，要抖一抖衣服，不能讓乾淨的身子沾上骯髒的污

[①] 士人：封建時代對讀書人的稱呼。

泥。我寧願跳進江裏，去餵魚蝦，也不能讓我這清白的身子、高尚的品德，蒙上一點世俗的塵土。」

老漁翁並不生氣，他微微一笑，向屈原拱了拱手，說：「大夫所言極是。人各有志，不能強求。」說完，搖着他的小船慢慢遠去。

屈原望着平靜的江面，一個人影也沒有。他對着江面，喃喃地訴說起來：「我心中的憂愁，我長久地悲哀，深受冤屈仍要克制自己，瞻望眼前茫茫一片，四周寂靜無聲……黑色的花紋放在幽暗的地方，人們像瞎子般說它不漂亮；美麗的鳳凰被關在籠子裏，卻讓雞鴨翩翩起舞，自由飛翔……」屈原是在用詩來表明自己的清白忠誠，訴說遭到排斥的種種遭遇。

一首《懷沙》就這樣寫成了。《懷沙》就是懷念長沙，長沙是楚先王始封之地，所以這首詩有懷念郢都、懷念祖國的意思。

屈原的這首詩，不只是停留在他個人遭遇的傷感上，而是因為理想抱負未能實現，國破家亡，他希望用自身的死來最後震撼民心，激勵君主。

詩中唱道：「我知道死亡已無法躲避，我對生命也不願意吝惜。正直的君子啊，我向你們說明我的心跡。那些光明磊落的前賢啊，我將永遠和他們在一起。」

《懷沙》表達了屈原視死如歸的決心。

楚頃襄王二十一年（公元前278年）夏曆五月初四的夜晚，屈原寫完了他一生中無數光輝詩篇中的最後一篇——《惜往日》，在第二天天微亮時，出了門。村民見屈原匆匆走過，主動和他打招呼。

一個老漁夫打魚歸來，看見屈原，着急地說：「大夫，聽說秦軍要過**揚子江**①了，我們往哪裏逃啊？」

屈原望了望老漁夫，嘴唇動了動，沒有說出話來，他又匆匆地只管自己走路。

屈原彷彿看見秦軍像蝗蟲一般鋪天蓋地而來，吞噬着楚的土地，遍地烽火，四處狼煙……祖先創下的偉業已蕩然無存！

他來到**汨羅江**②的懸崖邊，此時江水翻滾，波濤震天，大浪瘋狂地撞擊着堤岸，江水濤濤向前滾流。屈原站在翻滾的江水前，心裏突然平靜下來，多少年來的痛苦和悲傷，彷彿馬上要解脫一般。他抱起一塊大石頭，朝着郢都的方向看了最後一眼，然後縱身跳進了滔滔的汨羅江中。就在屈原縱身一躍的刹那間，一道耀眼的閃電閃耀長空，一個震響的炸雷猛然落地，峯巒坍塌，像

---

① **揚子江**：即長江。
② **汨羅江**：水名，發源於江西，流入湖南。汨，粵音覓。

鞭杆子似的雨點無情地抽打着江面，抽打着這個罪惡的世界。一顆閃光的明星劃破鉛灰色的晨空流向西北，它隕落了。

這年，屈原六十二歲。

屈原跳江的消息很快傳開，江兩岸的人們含着眼淚，划着小船來到江中，他們爭先恐後地在汨羅江打撈屈原的遺體。村民還擔心，飢餓的魚蝦會吃掉屈原的遺體，婦女們就把糯米包在竹葉裏煮熟，然後扔到江裏去餵魚蝦。

在屈原投江的第二年，秦國奪取了楚國的巫郡和黔中郡。五十五年以後，楚國終於被秦國吞併。

可是，屈原這位愛國詩人，一直受到人們的敬愛。當時，百姓駕起小船，帶上糭子、**艾葉**、**菖蒲**，全力去追趕大魚，要把屈原的遺體搶回來。一年復一年，人們仍是這樣做，漸漸地就成了一種習俗。

人們為了緬懷、追憶這位愛國詩人，將他的忌日農曆五月五日定為端午節，成為民間最為隆重的節日之一。兩千多年來，在端午節這天，人們都要包糭子、賽

知識門

艾葉：
也叫艾蒿，多年生草本植物，葉子有香氣，可入藥。

菖蒲：
多年生草本植物，生長在水邊，根莖可做香料，也可入藥。

龍舟，熱鬧非凡，以此紀念屈原，傳頌屈原的故事。

　　屈原用詩，用自己的一生，寫就了最偉大的篇章，值得一代又一代的人詠唱、歌頌。

想一想

1. 駛着小船的老漁翁對屈原說了些什麼？為什麼屈原不聽他的勸告？

2. 為什麼屈原要懷石投江？

生平大事年表

公 元	年齡	事 件
楚宣王三十年 （公元前340年）	/	正月初七，屈原出生在湖北秭歸鄉一個貴族家庭裏。
楚懷王四年 （公元前325年）	15歲	寫出中國第一首托物詠誌詩——《橘頌》。
楚懷王八年 （公元前321年）	19歲	娶齊大將女兒為妻。
楚懷王十年 （公元前319年）	21歲	首獲楚懷王召見。
楚懷王十一年 （公元前318年）	22歲	獲任為左徒，擬寫新《憲令》草案，實行變法。
楚懷王十六年 （公元前313年）	27歲	張儀出使楚國，楚懷王受騙，與齊斷交。 屈原遭陷害，被免去左徒官職，降為三閭大夫，變法失敗。 楚秦交戰，楚敗。
楚懷王十七年 （公元前312年）	28歲	出使齊國，使齊楚兩國結盟修好。

公元	年齡	事 件
楚懷王二十四年（公元前305年）	35歲	被流放到漢北。創作《離騷》、《天問》等詩。
楚懷王二十九年（公元前300年）	40歲	重回郢都。再度出使齊國，送太子熊橫為人質。作詩《國殤》。
楚懷王三十年（公元前299年）	41歲	楚懷王武關赴約，屈原竭力阻止不果。懷王入秦被拘。
楚頃襄王元年（公元前298年）	42歲	太子熊橫繼位，稱頃襄王。
楚頃襄王三年（公元前296年）	44歲	楚懷王死於秦。
楚頃襄王六年（公元前293年）	47歲	被頃襄王趕出郢都，第二次流放。
楚頃襄王二十一年（公元前278年）	62歲	郢都淪陷，作《哀郢》、《懷沙》等詩。夏曆五月五日，投汨羅江自盡。

「愛美」的屈原

屈原自小就注意自己的衣着打扮，不時用水照看自己的外貌和心靈，務求保持外在和內在的整潔。他是怎樣打扮自己的呢？為什麼他這樣「愛美」呢？

外在的美

屈原在自己的詩歌裏常提及自己喜歡的打扮裝束，例如《涉江》一詩裏寫道：

余幼好此奇服兮，年既老而不衰。帶長鋏之陸離兮，冠切雲之崔嵬。被明月兮珮寶璐。

屈原說自己自小就喜歡這樣的奇偉服飾，到年紀大了，這樣的興趣也沒有衰減。他所說的「奇服」，即是在腰間佩帶着長劍，頭上戴着高高的帽子，身上還要佩帶明珠、寶玉這些美麗的飾物。

在《離騷》一詩裏，屈原也提到自己的「舊衣」：用荷葉來做上衣，用荷花來做下裳。他還要把帽子加得高高的，把佩帶做得長長的，身上有芳草和美玉做裝飾，穿戴得繽紛華麗，還散發出陣陣清香。

雖然世人不理解他「愛美」的做法，但他堅持己見，說各人有各人的樂趣，而他就是愛美，並習以為常。

內在的美

屈原追求華衣美服，其實是代表了他對高尚品德的追求，也表示他的品行高潔，理想高尚，不願與世俗同流合污。

他要求自己要有「外在美」，同時也要有「內在美」，而且不輕易放棄這種原則。在《離騷》裏，屈原說即使自己被「解體」，他愛美的特性也是不會改變的，還反問：「難道我的心志會因為害怕而改變嗎？」

屈原在不同的作品裏都提過，自己不被世人理解，但他也不屑與世人為伍。又如《涉江》提到：

世混濁而莫余知兮，吾方高馳而不顧。駕青虯兮驂白螭，吾與重華遊兮瑤之圃。登崑崙兮食玉英，與天地兮同壽，與日月兮同光。

他寧願乘青龍和白龍駕駛的車，飛到天上，與古代聖賢舜帝同遊天上花園。又登上崑崙山，吃美玉般的花朵，整個人就像與天地一樣長壽，與日月一樣光明。

這都透露了屈原對自己的嚴格修身要求，無論怎樣都要保持自身高潔，不隨波逐流。

　　屈原不但學識豐富，而且熱愛國家，有報國的熱情，可惜仕途坎坷，未能盡情發揮自己的才華，最後更投江殉國。如果你是楚懷王，知道屈原以身殉國，當你再遇見屈原時，會對他説些什麼？試寫在下面。